FACE À UBER

Danielle Simonnet

Face à Uber

Enquête sur un scandale d'État

Fayard

Les propos des personnes auditionnées et le rapport de la commission d'enquête dont ce livre cite des extraits peuvent être consultés à l'adresse suivante :

https://www.assemblee-nationale.fr/dyn/16/rapports/ceuberfil/l16b1521_rapport-enquete

Couverture : Le Petit Atelier

ISBN : 978-2-213-72700-4

Préface

Par Leïla Chaibi

Février 2024, Bruxelles, quartier européen. Je suis avec Danielle Simonnet dans un fourgon de la police belge. Avec nous, un faux badge de lobbyiste large de 2 mètres avec la tête d'Emmanuel Macron imprimée en énorme. La police ne nous reproche rien. Elle nous sert même de taxi, sans se douter que c'est justement l'égérie des taxis français qu'elle vient d'embarquer avec moi. Les agents nous ont cueillies à quelques dizaines de mètres du parlement européen, sur la rue du Luxembourg, alors qu'on partait déposer le badge « Macron Lobbyiste d'Uber » dans les locaux de la Représentation permanente de la France à l'Union européenne. « Ça nous embête que vous manifestiez dans la rue, alors si vous voulez Mesdames, on vous emmène. » Et nous voilà, la députée rapporteure de la commission d'enquête parlementaire sur les *Uber Files*, et la députée européenne en charge de la directive sur les travailleurs des plateformes, toutes les deux à l'arrière du fourgon de police avec notre badge géant, escortées dans les rues de Bruxelles, gyrophares allumés. Au moment de remercier nos chauffeurs de taxi atypiques, Danielle leur lance : « Ça alors, vous êtes incroyables. La police belge est tellement polie ! »

Nous sortions du parlement européen où se tenait la 4e édition du Forum transnational des alternatives à l'ubérisation. Comme chaque année depuis mon élection en tant que députée européenne en 2019, j'avais rameuté dans la bulle européenne un réseau d'une centaine de livreurs de Deliveroo, de chauffeurs VTC d'Uber et de travailleurs uberisés venus des quatre coins du continent. Le but : faire pression sur le processus législatif et obtenir une directive européenne qui fasse avancer les droits des travailleurs, et mettre un coup d'arrêt à l'impunité des plateformes de travail bafouant le droit du travail via une utilisation frauduleuse du statut de travailleurs indépendants. Uber, Deliveroo, Glovo, toutes ces « plateformes de mise en relation » sont confortablement installées à Bruxelles avec des armées de lobbyistes qui pensaient tranquillement écrire la loi européenne, loin des citoyens, loin des principaux concernés.

Mais c'était sans compter l'irruption d'une sorte de lobby d'un nouveau type que personne n'attendait sur la scène bruxelloise et que je me suis attelée à construire avec mon équipe dès mes premiers jours de mandat. Un réseau international de travailleurs ubérisés, à l'origine atomisés et isolés, qui soudain parlaient d'une voix commune et exprimaient des revendications collectives. À chacune des étapes de la construction de ce lobby populaire, Danielle Simonnet était présente. D'abord, intriguée par la dimension insolite de voir un collectif de travailleurs précaires prendre le pouvoir dans la technocratie européenne. Et puis, au fil des ans, elle a joué un rôle clé dans la construction du rapport de force contre Uber et ses alliés en devenant le pendant national de la bataille que je menais à l'échelle européenne. Son rôle a été déterminant suite aux révélations des *Uber Files* en juillet 2022, pour mettre la lumière sur la façon dont le président de la République française s'est mis au service de l'ubérisation et de la casse du salariat.

J'ai rencontré Danielle Simonnet en 2010. Elle organisait des « criées dans le métro » où, plutôt que de se contenter de distribuer des tracts, elle alpaguait à la volée de façon théâtrale les Parisiens dans les transports en communs. De mon côté, à cette époque, plutôt que de distribuer des tracts, j'organisais des actions coup de poing dans les supermarchés contre la vie chère. C'est d'abord cette façon décalée d'envisager l'action militante qui nous a réunies. La volonté de convaincre au-delà du premier cercle des convaincus en cassant les codes de l'action militante traditionnelle. Et puis aussi le militantisme joyeux et l'enthousiasme qui donne le goût de lutter collectivement.

Par la suite, nous avons partagé les principes de l'éducation populaire appliquée à l'action politique, des méthodes d'auto-organisation des habitants aux techniques de porte à porte inspirées de Saul Alinsky. Depuis toutes ces années, l'infatigable Danielle m'inspire, j'admire sa volonté permanente d'inclure, d'impliquer les principaux concernés dans les changements qui les concernent, de toujours faire naître du pouvoir d'agir et de l'intelligence collective à rebours des façons descendantes de la politique à l'ancienne.

Pendant des années, Danielle a accompagné les luttes les plus invisibles à Paris, celles des dames pipi et des kiosquiers, celles des mal-logés… Et en 2016, elle est la première personnalité politique à soutenir les mobilisations des taxis qui dénoncent alors la concurrence déloyale d'Uber, se rendant dès l'aube sur les blocages du périphérique parisien. Depuis, elle n'a jamais lâché ce combat. Et tous les chauffeurs de taxi parisien connaissent Danielle Simonnet.

Danielle aurait pu rester dans son couloir, ne pas risquer de perdre le soutien acquis auprès des taxis, alors que depuis quelques années se déroule une mobilisation des travailleurs des plateformes, chauffeurs VTC ou livreurs de Deliveroo. Elle aurait pu se dire qu'elle et moi on se partagerait les tâches pour ne pas froisser, compte tenu des tensions existantes entre taxis et VTC, qu'elle continuerait de concentrer son soutien sur les taxis pendant que moi j'accompagnerais les VTC. Au contraire, fidèle à son habitude de vouloir dépasser les clivages pour fédérer autour de l'intérêt commun, Danielle Simonnet a décidé de prendre à bras le corps la lutte contre l'ubérisation en emmenant dans un combat commun contre le monde des plateformes numériques de travail les taxis, les chauffeurs VTC, les livreurs, et au-delà, les guides conférenciers, les aides-soignantes, les maîtres-nageurs, et même l'ensemble du salariat dont l'existence est menacée par l'utilisation de faux indépendants. La détermination de Danielle dans le cadre de la commission d'enquête parlementaire sur les *Uber Files* qu'elle a pilotée a prouvé la dimension éminemment politique de ce bras de fer qui est celui de tout le monde du travail contre Emmanuel Macron et son monde. La bataille n'est pas terminée. Alors que la directive européenne arrachée à l'UE imposant une présomption de salariat pour les travailleurs de plateformes doit être transposée dans la loi nationale, nous allons avoir besoin plus que jamais de Danielle Simonnet et de sa capacité à construire des fronts larges populaires, syndicaux, sociaux, politiques et unitaires. On compte sur toi, merci Danielle !

Leïla Chaibi

Introduction

Le 10 juillet 2022, des médias de quarante-deux pays, membres d'un Consortium international des journalistes d'investigation, publiaient les *Uber Files*. La source d'information grâce à laquelle l'affaire éclate se nomme Mark MacGann. L'ancien lobbyiste d'Uber a décidé de lancer l'alerte et a communiqué aux journalistes 124 000 documents, mails, SMS, comptes rendus de réunions, datant de la période 2013-2017.

Cette enquête du Consortium révèle que le cœur de la stratégie d'implantation du géant américain des véhicules de transport avec chauffeur (VTC) pour investir le secteur du transport public particulier de personnes dans les villes du monde entier réside dans un lobbying agressif.

Les articles signalent également qu'en France le ministre de l'Économie de l'époque – et actuel président de la République –, Emmanuel Macron, accompagné de son cabinet, a eu nombre d'échanges avec les différents dirigeants d'Uber. Jusqu'où ont-ils facilité son développement, et tenté de détricoter les lois ? Comment les nouvelles réglementations ont-elles été adaptées en sa faveur ? Ont-ils intercédé lors d'opérations de contrôle ? Tout s'est passé dans une opacité totale et contre l'avis du gouvernement de François Hollande auquel il appartient. On découvre aussi que ces mêmes lobbys l'ont aidé dans le cadre de la levée de fonds pour financer sa campagne présidentielle en 2017.

Le 24 janvier 2023, j'obtiens la création d'une enquête parlementaire sur les *Uber Files* et en deviens la rapporteure. Benjamin Haddad, député macroniste, en sera le président. Deux profils opposés, tant dans le parcours que dans les convictions. Conseillère d'orientation et psychologue, ancienne conseillère de Paris France insoumise, j'ai soutenu la lutte des taxis dès 2016 et j'en ai même fait une conférence gesticulée intitulée « Uber, les salauds et mes ovaires ». Benjamin Haddad, lui, est chercheur en relations internationales de métier. Diplômé d'HEC, il a travaillé dans la finance, puis pour la Commission européenne, avant de rejoindre un think tank libéral à Washington. Ancien secrétaire national de l'UMP, il a rallié La République en marche.

En quatre mois, nous avons auditionné cent vingt personnes, épluché nombre de questionnaires et analysé la multitude de documents transmis par le lanceur d'alerte. Je vais vous raconter l'enquête et ses coulisses. Il s'agit de comprendre comment la multinationale américaine a pu imposer son modèle contre notre État de droit et bénéficier d'appuis au cœur même du gouvernement.

Je vais vous faire entendre tous les acteurs. D'abord, les taxis qui ont pris de face et sans pare-chocs la subite concurrence déloyale d'Uber, poussant les uns à la faillite, le plus grand nombre à la chute de leur chiffre d'affaires et certains, même, au suicide.

Ensuite, les chauffeurs VTC et leur rêve des premiers mois : quitter l'usine, le BTP ou la sécurité et devenir leur propre patron au volant d'une berline noire… Avant que cela ne vire au cauchemar.

Écouter également des acteurs déterminants de la scène antérieure. Jacques Attali, auteur du rapport qui engagea la dérégulation du secteur des taxis et la création du statut d'autoentrepreneur. Puis le lanceur d'alerte, le mystérieux et courageux Mark MacGann. Interroger avocats, lobbyistes, représentants de la Cour de cassation, économistes, payés par Uber ou anti-Uber.

Vient enfin le temps des auditions des députés et des ministres : Thévenoud, Grandguillaume, Vidalies, Cazeneuve et Valls ! Mais, pourrai-je interroger les membres du cabinet du ministre de l'Économie de l'époque ? Le président de la commission d'enquête va-t-il s'y opposer pour protéger Emmanuel Macron ? Comment un ministre a-t-il pu avoir tant d'échanges avec les dirigeants d'une entreprise sans que rien soit inscrit à son agenda ? Qui a engagé les premiers contacts ? Comment cette plateforme a-t-elle pu se jouer de nos institutions jusqu'à coloniser les débats parlementaires d'amendements rédigés clés en main mais dont la source n'a jamais été renseignée ? Comment a-t-elle pu se croire autorisée à intercéder directement auprès d'un ministre de la République pour se plaindre de contrôles des administrations françaises et d'un arrêté pris par un préfet ? Y a-t-il eu un « deal » avec le ministre ?

Et depuis 2017, que s'est-il passé ?

Emmanuel Macron n'est plus ministre minoritaire au sein d'un gouvernement, mais président de la République. Le modèle Uber s'est étendu à de nombreux secteurs. Les langues se délient et des travailleurs dénoncent, tandis que des plateformes bafouillent aux convocations de notre enquête. À en croire les dirigeants d'Uber, le temps de la confrontation aurait laissé la place à celui de la « collaboration ». Jusqu'où ? Que font alors nos administrations d'État ? Que font nos ministres actuels ?

Les pouvoirs de rapporteure me permettent de mener l'enquête « sur pièces et sur place ». Le cabinet du ministre du Travail Olivier Dussopt dévoilera-t-il toutes ses communications avec Uber ? Encore une question – et non des moindres : pourquoi le gouvernement français refuse-t-il de mettre en débat et au vote la position qu'il défend au Conseil de l'Union européenne contre le projet de directive relative aux travailleurs des plateformes ? Et si cette « collaboration » était tout aussi antidémocratique et problématique pour notre État de droit ?

Avec ce livre, je souhaite vous embarquer dans les méandres d'un scandale d'État, celui d'un ministre qui trahit son gouvernement pour briser les protections des salariés et entraîner notre pays dans une régression sociale sans précédent. En faisant miroiter du travail au coin de la rue pour tous et des services low cost enfin accessibles à chacun, c'est à un siècle de conquêtes du droit du travail et à l'héritage de notre système de protection sociale depuis 1945 qu'il s'attaque. Ce ministre est parvenu à la fonction de président de la République. Et c'est l'ensemble d'un exécutif qui se retrouve au service des lobbys… Aura-t-il le dernier mot ?

Au Guantánamo des taxis…

Comment suis-je « tombée » dans le taxi ? Par hasard. Sans que je me souvienne de son nom ni de la raison du cadeau, je reçois un jour d'une journaliste un livre : *Uber, la prédation en bande organisée*, de Laurent Lasne. Je le dévore. Au mois de janvier 2016, les taxis occupent la porte Maillot pour protester contre la concurrence qu'ils jugent déloyale des VTC via les plateformes de type Uber. Les chaînes d'information en continu passent, en boucle, « la violence des taxis ». À regarder de plus près les images, on ne voit que quelques pneus qui brûlent sur le périphérique. La violence subie n'est jamais celle qu'on nous donne à voir.

Je réussis à rencontrer l'auteur du livre, qui me présente dans la foulée Karim Asnoun, de la CGT-Taxis et Emmanuelle Freeza, de la Gescop, une coopérative de taxis. Je découvre un autre monde professionnel qui m'était jusque-là inconnu. J'écoute, j'apprends, je note une masse d'informations nouvelles pour comprendre.

Pour exercer la profession de taxi, il faut un casier judiciaire vierge, une formation exigeante et, bien sûr, le permis de conduire. C'est une profession réglementée qui était historiquement rattachée au ministère de l'Intérieur car considérée comme répondant à des missions de service public. En cas de crise, les taxis peuvent être réquisitionnés. En contrepartie, ils sont les seuls à pouvoir effectuer la maraude et à être autorisés à stationner n'importe où pour récupérer ou déposer un client. Le tarif des courses, calculé par le taximètre en fonction de la distance parcourue et du temps de la course, est fixé sur la capitale par la préfecture de Police.

La profession de taxi est composée principalement d'artisans qui sont propriétaires de la licence de taxi, que l'on nomme aussi Autorisation de stationnement (ADS). C'est un peu l'équivalent du fonds de commerce. Cette propriété peut aussi être collective, les taxis sont alors sociétaires d'une coopérative comme la Gescop. Pour les chauffeurs sans licence, ils pouvaient auparavant être salariés d'une société de taxis, mais ces dernières préfèrent leur imposer le statut de locataire gérant. Ils paient donc chaque mois pour pouvoir travailler, dans l'attente d'accéder à leur propre licence et devenir artisan du taxi. La plus importante de ces entreprises est la G7, qui a absorbé l'ancienne entreprise Taxis bleus. Le montant de la licence dépend du marché. Quand je rencontre ce monde des taxis, ils m'informent que la majorité d'entre eux l'ont payée dans les 240 000 euros.

Les taxis n'exercent que sur des territoires délimités pour la prise des courses. Avant la création du statut de VTC, ils partageaient cette mission professionnelle, le transport de particuliers à titre onéreux, avec ce que l'on appelait la grande remise. Cela correspondait à un service de voitures de luxe avec chauffeur, sur réservation. Les deux activités se complétaient.

Mais voilà. Le secteur a été libéralisé par la loi Novelli de 2009 et la création des véhicules de tourisme avec chauffeur (VTC). L'arrivée de la plateforme Uber dès 2012 a provoqué une concurrence impactant profondément les taxis. De manière subite, nombre de chauffeurs VTC affluent sur le marché. Cette arrivée massive a par ailleurs été facilitée par la création du statut d'autoentrepreneur. Le nombre de courses disponibles pour les taxis se réduit d'autant que la plateforme Uber les subventionne dans une logique commerciale hyper agressive.

À la chute du chiffre d'affaires s'ajoute la chute du prix de la licence. Divisée par deux ! L'augmentation du nombre de VTC n'a évidemment pas accru la demande de courses en proportion. La logique de la politique de l'offre et de la « libre » concurrence, en provoquant pour les taxis la chute du nombre de courses et de la valeur des licences, les a ruinés. Les taxis espèrent revendre leur licence en fin de carrière et user de sa valeur comme d'une « complémentaire retraite », ne pouvant prétendre qu'à de petites pensions du fait de leur statut d'indépendant.

Je ne suis que conseillère de Paris à l'époque. La problématique est avant tout nationale. Je décide néanmoins de présenter un vœu au Conseil de Paris. Il s'agit normalement d'un court texte, le mien fait trois pages... Il décrit l'ensemble du problème et émet à la fin des propositions d'engagements de la ville, soumis au vote des conseillers. Je l'écris avec Karim Asnoun et Emmanuel Freeza. J'interpelle la ville qui abandonne ses stations de taxis et, de fait, dégrade les conditions de visibilité du taxi dans la ville. J'interroge également la capitale sur son engagement à mettre en place l'application promise « Paris taxi » qui permettrait de mieux concurrencer Uber en usant des mêmes technologies rattachées à nos smartphones.

Le 16 février 2016, je présente donc ce vœu. Je n'ai que deux minutes pour décrire l'impasse sociale et économique de cette concurrence déloyale. On passe au vote. Mon vœu n'obtient qu'une voix : la mienne. Je suis déçue mais j'ai l'habitude. Je suis la seule élue d'opposition de gauche et il est fréquent que les groupes de la majorité ne daignent même pas intervenir quand le sujet posé sort des thèmes habituels et de leur zone de confort.

Comme d'habitude, je mets mon intervention sur YouTube et la partage sur mes réseaux sociaux. C'est alors que je reçois des centaines et des centaines de messages de taxis ! Par mails, par Facebook, en commentaire YouTube ! Ces messages de taxis m'expriment leur reconnaissance mais surtout leur désespoir.

« Je suis chauffeur de taxi parisien. Je ne vous cache pas que j'ai beaucoup de mal à joindre les deux bouts, j'ai dû m'endetter de 240 000 euros pour faire mon métier. Notre secteur subit une concurrence SAUVAGE, […] est-ce donc ça le progrès ? Quand une multinationale offshore prétendant réduire le chômage en France en permettant à des jeunes, souvent des quartiers, non formés, de faire le taxi sans les contraintes du taxi. Alors on applaudirait ! ? […] Et tout le racolage dans les gares et aéroports ? Le mal-être de certains collègues poussés à la faillite, jusqu'au suicide. C'est jusqu'à quand ? Et à quel prix ? »

C'est sans doute cette lettre signée de « Mohamed, taxi parisien » qui m'a le plus bouleversée. Je décide alors de rencontrer ces chauffeurs. Karim Asnoun me propose de les retrouver à « la base arrière », dénommée aussi le « Guantánamo des taxis ». Il s'agit d'un immense parking-zone d'attente à l'aéroport Charles-de-Gaulle. Les taxis y restent en moyenne trois heures avant de pouvoir enfin atteindre la sortie des voyageurs et les embarquer dans la course tant attendue. C'est également à cet endroit que des « racoleurs » réorientent ces clients potentiels vers des VTC parqués illégalement quelques mètres plus loin.

Lorsque j'arrive à la base arrière, ils sont plus de trois cents taxis. Je suis accueillie avec un bouquet de fleurs. Une sono est installée et une affichette avec ma photo a même été bricolée ! Pendant de longues heures, ils me racontent tout. Leur quotidien de galère, l'histoire de leur profession, les lobbys et les trahisons des grands groupes de taxis et des politiques successifs sur leur dos.

J'en ai soutenu, des luttes. J'en ai vécu, des ambiances de meetings de grève. C'est sans doute la première fois que je découvre un secteur de travailleurs exprimant à ce point le sentiment d'être totalement ignoré des représentants politiques. Ils ne m'ont plus lâchée et je ne les ai plus lâchés. J'ai poursuivi mon soutien aux luttes de taxis depuis cette date, de manifestations en blocages du périphérique et dans de nombreuses initiatives organisées par la multitude d'associations et de syndicats que la profession, hélas si divisée, peut compter.

Et les chauffeurs VTC dans tout cela? J'en rencontre assez souvent. À chaque invitation pour intervenir dans un média, les chaînes privées proposent de réserver un taxi qui s'avère être un VTC, de la plateforme Uber – ou Le Cab, durant cette période. J'ai ainsi pu échanger souvent avec eux. Chaque fois, c'est le même récit : ils ont cru à la promesse des plateformes, ils allaient enfin devenir leur propre patron, être maître de leurs horaires et gagner un meilleur revenu que leurs emplois souvent au Smic. Ils auraient bien aimé faire taxi mais ne peuvent pas se payer la licence et la liste d'attente pour l'acquérir est trop longue. Souvent, ils ont même des chauffeurs de taxi dans leur famille ou leur entourage proche.

Si les débuts semblaient prometteurs, très rapidement, ils ont déchanté. Dès qu'Uber a recruté un nombre important de chauffeurs, le tarif minimum de la course est passé de 8 à 5 euros. Les chauffeurs assument toutes les charges (essence, assurance, achat et entretien du véhicule, services liés au confort, etc.) et doivent déduire de leurs recettes 20 % de commission et 10 % de TVA. Résultat : certains doivent travailler plus de onze heures par jour, six à sept jours par semaine, pour toucher moins que le Smic! Endettés pour rembourser la grosse voiture, ils accumulent les heures sans compter, jusqu'à l'épuisement. Ils subissent la pression de la notation des clients, la crainte d'être déconnectés en retour par la plateforme ainsi que l'arbitraire de l'algorithme, qui fait varier en permanence les tarifs et les courses accessibles de manière obscure. Quand Uber annonce augmenter le montant de sa commission tout en baissant les tarifs des courses pour gagner en attractivité vis-à-vis de leur clientèle, les chauffeurs VTC sont à leur tour en colère et se mobilisent.

M'identifiant sur les réseaux sociaux comme l'élue impliquée contre Uber, ils m'invitent à leurs rassemblements, en décembre 2016. Presque un an après ma rencontre avec le monde du taxi en lutte, me voilà à la même porte Maillot, à la rencontre du monde du VTC en lutte. Plusieurs centaines de voitures bloquent la porte et une sono est installée. Les prises de parole de chauffeurs s'enchaînent et c'est Sayah Baaroun, responsable syndical Unsa-VTC, qui m'invite à parler.

Je soutiens leur colère contre le système d'exploitation de l'entreprise américaine mais je ne partage pas toutes leurs revendications. Les échanges restent riches. Ils protestent contre la plateforme qui a augmenté sa commission, fait chuter les tarifs, impose un management via un algorithme opaque. Certains souhaiteraient également accéder, comme les taxis, aux couloirs de bus, aux voies réservées et au droit de stationner dans les gares et les aéroports.

Ma position est claire : je les soutiens contre Uber mais j'estime que le système engage une concurrence déloyale pour les taxis. L'issue serait de revenir aux deux professions, taxis et grandes remises. Certains la partagent, comme un chauffeur VTC nommé Brahim Ben Ali, d'autres non. Côté taxis, certains apprécient cette position de soutien critique, d'autres voient dans le seul fait d'aller à une manifestation de VTC une trahison de la profession de taxis qui me vaut des attaques sur les réseaux sociaux : « Simonnet est une traître, elle soutient les VTchiottes ! » Les taxis sont-ils en guerre contre les VTC, ou bien contre la libéralisation du secteur et la concurrence qu'elle provoque, qui plus est via les plateformes Uber qui ne respectent pas les lois ?

Toute mobilisation génère ses contradictions mais aussi l'accélération des consciences.

En Californie, là où Uber a commencé, des chauffeurs VTC ont engagé des démarches en justice pour exiger la requalification de leur statut en salarié. Ils s'estiment être de faux indépendants. Loin d'être, dans les faits, leur propre patron, ils estiment être surexploités et subordonnés à Uber, sans avoir en contrepartie les droits liés à cette subordination : ceux liés au statut de salarié.

Uber craint que la colère des chauffeurs VTC en France n'emprunte la même stratégie de défense. Or, tout le système Uber repose précisément sur le modèle de la « mise en relation » entre travailleurs sous statut indépendant et clients. En prétendant être dans une seule relation commerciale avec les chauffeurs, la société Uber s'affranchit de toutes les obligations d'employeur : comme elle ne se considère pas comme employeur, elle n'a pas de cotisations sociales à payer, ni de droit du travail à respecter. C'est une externalisation complète des travailleurs, de la masse salariale qu'ils représentent, directe et indirecte (cotisations sociales) et même du capital fixe, puisqu'il revient aux chauffeurs d'assumer le coût de leur principal outil : la voiture. Ainsi, la plateforme peut casser les prix et imposer un dumping social sans précédent, générer une concurrence irrésistible, en plus de ne pas respecter la réglementation du transport de personnes à titre onéreux. Pour compléter le tableau, la facturation des courses passe par le siège aux Pays-Bas, avec des transits dans d'autres paradis fiscaux, permettant à la multinationale d'exceller en optimisation fiscale.

Peu de temps après ma rencontre avec les taxis à l'aéroport Charles-de-Gaulle, la mobilisation contre la loi El Khomri s'engage. Je découvre son article 23, créé par un amendement : il ouvre un boulevard à l'ubérisation. Il contraint les plateformes à cotiser à certaines dépenses comme l'assurance accidents de travail, la formation professionnelle et la validation des acquis de l'expérience. Mais il prévoit également que tout litige entre les travailleurs et les plateformes relèvera désormais des tribunaux de commerce. Entendez : les chauffeurs VTC ne pourront plus engager de démarche aux prud'hommes. L'objectif est clair : il s'agit d'empêcher la requalification de la relation des travailleurs avec la plateforme de contrat commercial à contrat de travail salarié. Sous couvert de petites avancées, cet article incarne une grande régression sociale. La loi El Khomri n'est donc pas seulement une loi de casse du Code du travail, mais elle permet également aux entreprises-plateformes de se passer d'avoir à appliquer le Code du travail !

La mobilisation des taxis pour exiger du gouvernement l'application des lois et le contrôle accru des VTC va donc prendre un autre sens politique avec la loi El Khomri et son article 23. Si nombre d'entre eux se vivent en conflit contre les VTC, d'autres s'estiment d'abord et avant tout en lutte contre Uber, le modèle de l'ubérisation et toute sa concurrence qu'ils jugent déloyale. L'article 23 est bien identifié pour ce qu'il est, un article pro-Uber. Il a été introduit par un amendement du député socialiste Christophe Caresche. Et, pour tous les chauffeurs de taxi, il a été plus qu'inspiré par Uber et soutenu par le ministre de l'Économie de l'époque, Emmanuel Macron, qui ne cache pas son soutien à la plateforme qualifiée d'innovante et « disruptive ».

Peu de temps après le lancement de Nuit debout, des taxis lancent avec moi « Taxis debout ». Le débat sur les boucles de réseaux sociaux n'est pas simple. Pour certains taxis, les participants de Nuit debout ne sont que des petits étudiants bourgeois qui perdent leur temps en palabres et rentrent chez eux en Uber à la fin de la soirée… Il est vrai également que les premières prises de parole de chauffeurs de taxi sur la place de la République suscitent également nombre d'interrogations chez les « nuit-deboutistes » : « Ils l'ont pas un peu cherché, les taxis ? », « Ils n'ont qu'à pas être si chers, les taxis », « Et d'abord, ils votent quoi, les taxis ? » Mais les taxis s'obstinent et tentent d'expliquer la gravité du contournement total du Code du travail que constitue l'article 23.

Par la suite, les taxis rejoignent une des dernières grandes manifestations contre la loi El Khomri sous une haie d'honneur et d'applaudissements de tous les syndicats de salariés. Ce jour-là, ils ont donné à voir dans quel camp ils se situaient. La plupart sont des artisans, mais leur camp est bien celui des travailleurs avant tout : ils sont pleinement engagés dans cette nouvelle étape de la lutte des classes, contre le capitalisme de plateforme. Certes, la loi est adoptée par 49.3 mais l'amendement article 23 en a été rejeté.

La commission d'enquête est lancée…

Le 10 juillet 2022, quand éclate le scandale des *Uber Files*, je ne suis pas surprise. Les chauffeurs de taxi et de VTC avec lesquels j'ai gardé contact ne le sont pas non plus. Et pourtant, nous découvrons l'ampleur des liens étroits entre le ministre de l'Économie de l'époque, devenu depuis président de la République, et les dirigeants d'Uber. Dix-sept échanges significatifs et un deal à la clé entre Uber et Macron, à l'insu du gouvernement.

Je suis élue députée depuis la fin du mois de juin. La première séance des fameuses questions d'actualité au gouvernement (QAG) a lieu le 12 juillet. Je demande à la Première ministre, au nom de mon groupe La France insoumise-NUPES, la création d'une commission d'enquête parlementaire. Je n'ai que deux minutes, comme lorsque je défendais mes vœux au Conseil de Paris. Mais j'ai soixante-quatorze députés France insoumise et cent cinquante députés de la NUPES autour de moi, qui me soutiennent cette fois. Une commission d'enquête parlementaire doit être créée sur les *Uber Files*!

Ah, la République exemplaire tant vantée par Emmanuel Macron ! Après les affaires McKinsey, Alstom, celle des sociétés d'autoroutes et j'en passe, voilà le scandale d'État « Macron Ubergate » ! Pour s'implanter en France face à la lutte des taxis dont mon collègue Sébastien Delogu se souvient bien, Uber, le géant américain de l'évasion fiscale et de la casse de notre modèle social, a pu s'appuyer largement sur son VRP en chef : Emmanuel Macron. [Applaudissements sur les bancs du groupe LFI-NUPES.] Nombre de réunions, rendez-vous, coups de fil et SMS gardés secrets entre les dirigeants d'Uber et Emmanuel Macron ont donc permis des deals secrets à Bercy pour torpiller la loi, alléger les réglementations et commander des amendements clés en main. Un arrêté préfectoral défavorable à Uber ? Des perquisitions et des enquêtes de la Direction générale de la concurrence, de la consommation et de la répression des fraudes ? Un SMS et ça repart ! Un ministre de la République aurait donc servi les intérêts d'une plateforme américaine contre l'avis même de son gouvernement et de notre administration ! [Applaudissements sur les bancs du groupe LFI-NUPES.] Et, surprise, nous découvrons que le lobbyiste en chef d'Uber a participé en 2016 à la levée de fonds du candidat à l'élection présidentielle Emmanuel Macron ! Madame la Première ministre, avec Emmanuel Macron, vous continuez de travailler pour Uber et les plateformes au niveau européen en contrant la directive sur la présomption de salariat, arrachée de haute lutte par la députée européenne insoumise Leïla Chaibi ! Sur le fond, votre projet, c'est la société du travailleur sans droit d'Uber, un suicide social par le low cost.

À l'arrivée, c'est la casse du Code du travail et le retour aux tâcherons du XIXe siècle...
[Plusieurs députés du groupe RE]
C'est faux !
[Mme Danielle Simonnet]
... la casse de la Sécurité sociale et l'appauvrissement de l'État, car ces plateformes sont championnes de l'évasion fiscale.
[M. Sylvain Maillard]
Vous n'aimez pas le travail !
[Mme Danielle Simonnet]
Vous n'y voyez « ni affaire, ni scandale, ni deal ». Pourtant, servir la République, ce n'est pas l'asservir pour satisfaire les lobbys ! Qu'avez-vous à répondre ? Nous exigeons une commission d'enquête parlementaire. Il est grand temps d'imposer la séparation des lobbys et de l'État ! [Applaudissements sur les bancs des groupes LFI-NUPES, SOC, Écolo-NUPES et GDR-NUPES.]

La présidente de l'Assemblée nationale me sermonne comme le ferait une maîtresse d'école car je ne l'ai pas saluée en début d'intervention : « Madame Simonnet, je vous prie de bien vouloir noter qu'avant toute prise de parole il est d'usage, dans cet hémicycle, de saluer la présidence. [Applaudissements sur les bancs des groupes RE, Dem, HOR et LR et parmi les députés non inscrits. – Vives exclamations et protestations sur les bancs du groupe LFI-NUPES.] »

Pourtant, peu de temps avant, Marine Le Pen a fait de même sans aucune remarque. La stratégie de la mandature est plantée. L'objectif de la macronie, qui se sait minoritaire dans l'hémicycle, est de contribuer à « normaliser » l'extrême droite et à « diaboliser » La France insoumise.

C'est la ministre Olivia Grégoire, déléguée auprès du ministre de l'Économie, qui répond pour le gouvernement : « Vous m'interrogez sur le rôle d'Emmanuel Macron, lorsqu'il était ministre de l'Économie, de l'Industrie et du Numérique, dans l'implantation d'Uber en France et je vais vous répondre clairement. Madame Simonnet, le ministre de l'Économie, de l'Industrie et du Numérique qu'il était a tout simplement fait son travail. Il a reçu les dirigeants d'Uber, mais il a reçu aussi – soyons précis ! – ceux de Netflix, Airbnb, Tesla, tout comme, plus près de nous, ceux de Doctolib, Alan et BackMarket. Pourquoi ? Parce que ces acteurs sont au cœur de l'économie du XXIe siècle. Et quoi que vous en disiez, c'est bien dans ces groupes que se trouvent la croissance et les emplois ! »

La défense de la macronie est posée : Macron a effectué son travail en soutenant Uber, car Uber crée de l'emploi. Circulez, il n'y a rien à voir. L'Assemblée passe à la question suivante…

Mais hors de question, ni pour moi, ni pour le groupe France insoumise, d'enterrer le sujet. Nous décidons, à la rentrée de septembre, de soumettre au vote lors de notre niche parlementaire prévue à l'automne une proposition de résolution (PPR) pour créer cette commission d'enquête sur les *Uber Files*. Les commissions d'enquête sont un des outils précieux permettant aux parlementaires d'assumer leur rôle de contrôle de l'exécutif. Mais la Constitution de la Ve République ne laisse que peu de pouvoir au Parlement et aux groupes d'opposition. Chacun ne dispose en effet que d'une seule journée par an, appelée « niche parlementaire », de 9 heures à minuit pile – et pas une minute au-delà –, où il est maître de l'ordre du jour et peut ainsi présenter ses propositions de loi et de résolution. En amont de cette journée, chaque texte doit passer par l'examen d'une commission.

La PPR *Uber Files* s'invite en commission des lois. Les macronistes sont vent debout contre cette enquête, tentent d'argumenter en faveur de son irrecevabilité car elle attaque le président de la République, qui se doit d'être protégé : il jouit par la Constitution d'une irresponsabilité pour tous les actes accomplis en cette qualité. Mais que craignent-ils, eux qui prétendent que Emmanuel Macron n'a fait que son « travail » en tant que ministre de l'Économie ? D'autres fustigent qu'il n'y avait rien d'illégal et que, par conséquent, une enquête ne serait pas justifiée. Mais nous ne prétendons pas qu'il y ait forcément matière à des poursuites pénales. Les journalistes du Consortium considèrent d'ailleurs que, avec les données dont ils disposent, il n'y a pas *a priori* de faits répréhensibles par la loi concernant l'actuel président. Une question démocratique et sociale majeure se pose toutefois : un ministre a-t-il aidé une entreprise américaine hors la loi à s'implanter, à l'insu de son propre gouvernement ? Et quelles en sont les conséquences sociales et économiques ?

Les groupes de la NUPES soutiennent. Le groupe LR, lui, proteste, non sur le fond mais sur la forme. Chaque groupe a droit à une enquête parlementaire par an – c'est ce que l'on appelle le « droit de tirage » –, ils refusent que le groupe parlementaire France insoumise-NUPES puisse, en partie par le truchement de sa niche, disposer dans les faits de deux enquêtes parlementaires la même année. Ils s'abstiennent. Pour nous, ce serait un symbole politique très fort que la création de cette commission d'enquête soit adoptée de façon transpartisane par vote de l'Assemblée nationale et non par la seule initiative d'un groupe qui la choisit par son droit de tirage. Le texte passe l'étape du vote de la recevabilité de la commission malgré les contestations en irrecevabilité des macronistes.

L'attention médiatique se concentre plus sur la proposition de loi que notre groupe défend pour l'abolition de la corrida. La macronie est aussi très préoccupée et à la manœuvre face à notre proposition de loi constitutionnelle visant à inscrire le droit à l'avortement dans la Constitution. Bien qu'ils se soient opposés à cette constitutionnalisation à plusieurs reprises dans le mandat précédent, ils aimeraient le faire oublier et nous doubler en réécrivant le texte à leur sauce...

Quatre jours avant le jour clé de la niche, une pluie d'amendements tombe sur notre résolution. Tous aussi folkloriques les uns que les autres ! « Macron » est remplacé par « Mélenchon » et l'objet de l'enquête devient la prise de position du candidat Insoumis à l'élection présidentielle sur les violences policières, l'Europe libérale ou le Venezuela... Ceux que nous avons nommés « minorité présidentielle » semblent prêts à bordéliser la séance et à user de leur temps de présentation d'amendements pour faire le procès – qu'ils espèrent médiatique – de La France insoumise et d'éviter coûte que coûte le débat sur le scandale qui éclabousse directement le président et leur pose, manifestement, un gros problème politique. On appelle cela l'obstruction. Ici, elle est assumée. Et, fait inédit dans la vie de la Ve République, elle est même dictée par l'exécutif!

Les taxis se rassemblent aux Invalides, à deux pas de l'Assemblée nationale. Cela fait huit longues années qu'ils attendent qu'une commission d'enquête soit créée ! Avec mon collègue député Sébastien Delogu, nous allons les saluer. Sébastien était auparavant chauffeur de taxi marseillais, j'avais fait sa connaissance lors des manifestations de la profession à Paris. Il m'avait accueillie quelques mois plus tard dans la cité phocéenne alors que je jouais ma conférence gesticulée « Uber, les salauds et mes ovaires » ; un spectacle « seule en scène » dans lequel, grâce à la narration des luttes des taxis que j'ai soutenues, je tente de susciter une prise de conscience contre le modèle de l'ubérisation soutenu par Macron. J'avais pu lui présenter les camarades Insoumis et notre candidat lors du meeting de Jean-Luc Mélenchon au port de Marseille, en 2017, pendant la campagne présidentielle. Il ne les a dès lors plus quittés. Aujourd'hui, il est député. Quelle fierté collective !

La veille au soir, notre groupe doit revoir la stratégie de la niche. Si l'on souhaite lancer le débat sur l'interdiction de la corrida et gagner le vote sur la constitutionnalisation de l'IVG, il semble préférable de retirer la proposition de résolution sur les *Uber Files*. Mais nous ne pouvons pas abandonner la bataille ! C'est un enjeu démocratique et social de faire toute la lumière sur ce dossier. Notre groupe fait donc le choix politique de consacrer son « droit de tirage » aux *Uber Files*.

Le 2 décembre 2022, je dépose de nouveau ma proposition de résolution tendant à la création d'une commission d'enquête relative aux révélations des *Uber Files* : l'ubérisation, son lobbying et ses conséquences. La commission des lois nomme le député Renaissance Benjamin Haddad comme rapporteur. Le 18 janvier 2023, la commission des lois vote la recevabilité de la commission d'enquête. La conférence des présidents du 24 janvier 2023 valide sa création. Ça y est, c'est parti !

La première réunion de travail avec le président de la commission d'enquête, Benjamin Haddad, se tient au Salon Delacroix, juste à côté de l'entrée gauche de l'hémicycle. La séance est en cours sur la réforme des retraites et nous devons, d'un moment à l'autre, remonter dans les travées jusqu'à nos places pour voter sur un amendement. L'administratrice et deux administrateurs sont également présents. C'est eux qui vont envoyer toutes les convocations, les questionnaires et rédiger le rapport final. C'est également sur eux que je vais pouvoir m'appuyer, avec mon équipe de collaborateurs parlementaires, pour mener l'enquête. Ces fonctionnaires de l'Assemblée nationale sont brillants et précieux et mes collaborateurs surmotivés.

J'ai préparé une liste des personnes qu'il me semble essentiel d'auditionner. L'administratrice a réalisé un planning prévisionnel de ces auditions, avec ses suggestions complémentaires. Mais c'est le président de la commission d'enquête qui aura le pouvoir de les convoquer. Il a sa propre liste. Allons-nous réussir à nous mettre d'accord ? Dès le début, ça coince. Benjamin Haddad semble vouloir organiser un colloque interminable d'économistes pro-plateformes et refuse de valider une série d'auditions clés : les membres du cabinet d'Emmanuel Macron quand il était ministre de l'Économie ainsi que les députés cités dans les révélations des *Uber Files* pour avoir, *a priori,* porté des amendements directement rédigés par Uber et soutenus par Emmanuel Macron ou son entourage. Pas question non plus d'auditionner le président de la République de l'époque, François Hollande. Pas de réponse, enfin, sur les ministres en exercice. On valide néanmoins les auditions des premières semaines à venir et j'espère pouvoir obtenir ultérieurement ces auditions, qui me semblent d'autant plus incontournables que la Constitution de la Ve République ne nous autorise pas à auditionner Emmanuel Macron. Toute personne de nationalité française convoquée à une commission d'enquête parlementaire ne peut s'y dérober et doit prêter serment de dire toute la vérité, rien que la vérité, en levant la main droite et en disant : « Je le jure. » On dirait une scène de film !

J'aurais souhaité un calendrier chronologique ou thématique mais les aléas des disponibilités des « convoqués » ne le permettent pas. J'aurais aimé commencer par le lanceur d'alerte à l'origine de l'enquête, Mark MacGann, et disposer au plus tôt de ses documents et pas uniquement de ceux rendus publics par les journalistes dans leurs articles ; mais le personnage est mystérieux, tantôt très disposé à aider, tantôt très compliqué à cerner. On peut le comprendre : passer de lobbyiste d'une multinationale américaine mondialement implantée à lanceur d'alerte demande un courage inouï face aux risques juridiques auxquels il s'expose et au changement radical de vie que cela implique. Je n'aurai finalement accès à ses données qu'après les auditions, qui vont s'étendre durant six mois. La commission va entendre et questionner cent vingt personnes, sur soixante-cinq auditions et plus de quatre-vingt-cinq heures. Nous allons également éplucher plus de vingt-huit questionnaires transmis à diverses administrations et à divers décideurs, plus de trente-sept notes d'Uber, quarante-trois notes et mails de ministères et cinq cent vingt-cinq documents transmis par Mark MacGann. Un travail colossal…

La guerre d'opinion d'Uber

Dès le début des travaux de la commission, une idée semble partagée : la plateforme Uber répondrait à un vrai besoin lié au manque de taxis à Paris et son innovation serait fortement appréciée à la fois par les usagers, pour sa facilité technologique, et par les travailleurs victimes du chômage, attirés par l'indépendance. Le président macroniste le rappelle d'ailleurs dans son avant-propos du rapport de la commission d'enquête, en en faisant une vérité indiscutable : « Les VTC, en premier lieu Uber, sont venus, en France comme ailleurs, bouleverser un marché jusqu'alors fortement réglementé. Ce débat était loin d'être unique à notre pays. Cette nouvelle offre a été rapidement plébiscitée par les utilisateurs dans un marché français, en particulier parisien, où l'offre de taxis était considérée comme insuffisante comparée à d'autres grandes capitales touristiques, et où les VTC apportaient une innovation technologique comme la réservation électronique, la géolocalisation et la garantie du paiement électronique. Ceux-ci répondaient aussi à de nouveaux usages dans le monde du travail, avec une demande croissante d'indépendance et de flexibilité de la part des travailleurs. »

Pour ma part, j'estime dès le début de l'enquête que cette façon d'appréhender le contexte de l'implantation d'Uber relève d'un biais libéral inavoué. Ce qui me semble évident, c'est que, précisément, l'implantation d'Uber en France bénéficie d'un contexte idéologique libéral très favorable. Bien avant l'arrivée de la plateforme américaine, le président de la République Nicolas Sarkozy commande à Jacques Attali un rapport pour la « libération de la croissance ». Il se trouve que sa rédaction est confiée à un jeune énarque : Emmanuel Macron. Entre autres, la libéralisation du secteur des taxis et la création du statut d'autoentrepreneur sont préconisées. De concert et de consorts ? Libéraux et médias dénigrent les taxis. Ils seraient trop peu nombreux, grincheux, présentant mal, trop chers, refusant la Carte bleue et à la limite de l'honnêteté. Il est de bon ton de fustiger cette profession réglementée, considérée comme jouissant d'un monopole de rente. Une seule solution, dans l'intérêt des clients et de l'attractivité de Paris sur la scène internationale : introduire une concurrence. En juillet 2009, la loi « de développement et de modernisation des services touristiques », dite loi Novelli est adoptée et crée l'activité de VTC, qui signifie alors « Véhicule de tourisme avec chauffeur ». Le 1er janvier de la même année était créé le statut d'autoentrepreneur, qui a pour objectif de faciliter la tâche aux personnes souhaitant lancer une activité sans avoir trop de formalités à effectuer ni de charges à payer. Les libéraux vantent l'enjeu de « baisser les charges », d'encourager l'entrepreneuriat par les exonérations de cotisations sociales et la remise en cause des professions réglementées. Dans l'hémicycle, seul le Front de gauche s'y était opposé à l'époque. Les taxis s'étaient fortement mobilisés dès les conclusions du rapport Attali – et plus encore pendant le débat de la loi Novelli –, en vain.

Lors de son audition, Jacques Attali le réaffirme avec assurance : Paris manquait de taxis. Pourtant, lors des auditions des syndicats de taxis – où je retrouve notamment Karim Asnoun de la CGT –, tous sont unanimes : aucune étude indépendante n'a jamais été réalisée. S'il fallait attendre lors des heures de pointe pour accéder à un taxi, augmenter l'offre pour répondre à cette demande sur certains créneaux horaires aurait nécessité d'assurer aux chauffeurs un chiffre d'affaires convenable tout au long d'une journée et d'une semaine. Or, si les taxis deviennent suffisamment nombreux le soir pour répondre à un pic de demandes, ils deviennent bien trop nombreux le reste du temps et risquent de se retrouver avec de trop faibles revenus sur une journée entière. Cette conséquence ne préoccupait aucunement les défenseurs de la libéralisation et de l'augmentation de l'offre.

Cela peut sembler absurde mais aucune étude d'impact n'a donc été réalisée avant l'adoption de la loi libéralisant le secteur. L'ex-Premier ministre et ministre de l'Intérieur au moment des *Uber Files*, Bernard Cazeneuve, admet au moment de son audition le regretter également pour les lois Thévenoud et Grandguillaume : « J'ai été très frappé de constater que nombre de mesures législatives avaient été adoptées sans véritables études d'impact ni outil d'évaluation du secteur. Il y avait beaucoup d'idéologie dans cette affaire et assez peu d'analyse objective du contexte. » Le pseudo-constat sans cesse rabâché dans les médias et au niveau du pouvoir fait office de vérité incontestable. Des comparaisons raccourcies sont établies entre Paris et d'autres capitales telles que Londres, sans tenir compte ni des différences de taille, ni du maillage en transports en commun. L'idéologie libérale selon laquelle l'augmentation de l'offre crée mécaniquement une augmentation de la demande s'impose dans le discours dominant. Quelques années plus tard, la plateforme Uber va non seulement en profiter mais également s'en servir pour justifier par l'exemple cette politique. La pertinence d'un *numerus clausus* de licences de taxis pour garantir un revenu décent à la profession ne semble jamais pris en compte.

L'application Uber, permettant de commander un chauffeur en un clic grâce à la géolocalisation, est apparue, dans le cadre de la démocratisation des smartphones, comme une innovation incarnant la modernité et ringardisant à l'extrême la pratique du taxi qu'on hèle dans la rue, ou qu'on doit réserver par appel – téléphonique ou à la borne de taxis. Surtout, le service proposé, associé à une grosse voiture noire disposant d'un chauffeur qui vous propose la bouteille d'eau et les bonbons, a tout de suite séduit la bourgeoisie parisienne, prescriptrice des nouvelles pratiques. Son prix low cost, accessible pour les trajets Paris-banlieues là où les transports en commun sont défaillants et plus encore en soirée, a également séduit une clientèle pour laquelle le taxi n'avait jamais été un usage accessible. « Bobos parisiens » installés professionnellement et jeunes banlieusards en galère à chaque sortie nocturne dans la capitale se retrouvaient dans la même fascination : on devient quelqu'un qui peut se payer un chauffeur privé de luxe, en costard-cravate et qui vous ouvre la portière !

Côté chauffeurs VTC, on peut, assez facilement, devenir son propre patron ! La mandature Hollande est celle de la promesse du plein emploi. Le déploiement d'Uber nécessite un afflux substantiel de chauffeurs pour susciter une plus grande clientèle et lui répondre en lui assurant d'avoir accès au service en peu de temps, peu importe où elle se situe. Pour le ministre de l'Économie – et plus encore quand il devient candidat à la présidentielle –, le déploiement d'Uber permet de créer de l'emploi, notamment pour les jeunes des quartiers populaires : « Allez à Stains expliquer aux jeunes qui font Uber qu'il vaut mieux aller tenir les murs ou dealer. Allez leur expliquer ! » La subvention à perte des courses par Uber documentée par de nombreux journalistes, le très faible revenu et la précarité des chauffeurs ne semblent pas non plus pris en compte dans les débats.

Lors de son audition, le ministre des Transports de l'époque, Alain Vidalies, a bien confirmé ce climat propice à Uber : « L'opinion publique et les médias étaient très favorables à Uber qui rencontrait un véritable succès chez les utilisateurs et recrutait des milliers de chauffeurs dans les banlieues, notamment en Seine-Saint-Denis. Le service public de l'emploi, que j'avais interrogé à l'époque, participait d'ailleurs à ces opérations de recrutement aux côtés d'Uber dans une période où l'objectif de l'inversion de la courbe du chômage était le sujet majeur du débat public. » M. Thomas Thévenoud l'a également confirmé : « Le climat était alors très favorable à Uber. »

L'enquête parlementaire va nous permettre de comprendre à quel point ce climat idéologique et culturel est entretenu – et même organisé – par la plateforme Uber elle-même !

Dès la première journée d'audition, les journalistes du *Monde* impliqués dans le Consortium nous ont expliqué que l'entreprise américaine avait orchestré des opérations de « manipulation du débat public ». C'est la société iStrat, une entreprise d'intelligence économique et de relations publiques (aujourd'hui radiée du registre du commerce et des sociétés et dont la société Avisa Partners a repris l'essentiel de l'activité), qui est missionnée en ce sens par Uber. Elle « fait publier », entre novembre 2014 et juin 2015, pas moins de dix-neuf articles sur treize sites d'information différents, comme *Challenges*, *Les Échos*, Mediapart, *Le Journal du Net*.

iStrat va également gérer l'amélioration du référencement d'Uber sur Google et faire modifier différentes pages Wikipédia en lien avec Uber. L'audition de Matthieu Creux, fondateur du cabinet iStrat et aujourd'hui associé d'Avisa Partners, nous a précisé l'activité de l'entreprise pour le compte d'Uber : « Nous avons produit pour Uber une bonne dizaine de contenus, peut-être même une vingtaine – vous avez cité des chiffres mais je n'ai plus les traces de ces éléments –, optimisés techniquement, c'est-à-dire écrits pour être en bonne position sur Google. Nous avons assuré la mise en ligne, sur les différentes plateformes, de ces contenus qui reprenaient évidemment des arguments très favorables à Uber. Je dirais même qu'il s'agissait de contenus militants. Cette activité s'inscrivait dans un double contexte : nous l'avons réalisée à un moment où l'activité d'Uber était très contestée en France et où la société avait donc besoin de se défendre, mais aussi à une époque où peu de gens savaient ce qu'était Uber [...]. Notre mission était de faire en sorte que Google référence au mieux les éléments favorables à Uber afin que toutes les personnes désireuses de se renseigner à ce sujet aient accès, lors de leurs recherches sur Internet, aux arguments de l'entreprise. Nous avons donc, en quelque sorte, piloté et optimisé la communication d'Uber. »

Uber fait passer ses messages dans l'opinion comme s'ils relevaient d'articles de journalistes indépendants. Ces articles martèlent la rareté des taxis, leur prix trop élevé, et présentent même la profession comme « sclérosée », « corporatiste » et privilégiée, allergique à la concurrence, disposant d'appuis politiques et d'une force de lobbying importants. Évidemment, ces articles vantent Uber comme une société sympathique, moderne et innovante, dont le modèle vertueux a fait « bouger les lignes » et qui prône « les valeurs de solidarité et de partage ». Les pouvoirs publics, eux, sont incités à prendre les bonnes décisions pour éviter à la France « une réputation de nation rétrograde ».

M. Matthieu Creux ne s'en cache pas et a bien reconnu devant la commission d'enquête qu'Uber dictait directement les messages : « Ils nous envoyaient des éléments de langage, directement ou par l'intermédiaire de leur agence [...]. Par rapport à la moyenne de nos clients, les éléments de langage transmis étaient de très bonne qualité [...]. Notre travail a consisté à les rendre accessibles par l'intermédiaire d'OP-EDS ou de publications mises en ligne sur les réseaux sociaux ou dans les espaces contributifs des médias. »

Les articles étaient généralement signés sous pseudonymes, avec de faux noms ou de faux profils. Mais, pour Avisa Partners, ces activités ne seraient pas de la désinformation mais des « approches inédites dans le champ de l'e-réputation », comme ils l'ont expliqué aux journalistes : « L'utilisation ponctuelle de pseudonymes et de "plumes" ne saurait être assimilée à de la "désinformation". C'est même l'usage dans de nombreux espaces sur Internet, les réseaux sociaux et dans les médias », a assuré la société, pour qui « les entreprises sont des parties prenantes légitimes pour participer au débat public », renvoyant aux médias la « responsabilité » de « juger des contenus qui leur sont soumis avant de décider de les publier ».

Le plus choquant dans cette audition, selon moi, est l'argument avancé par Matthieu Creux selon lequel cette pratique est courante et, donc, totalement acceptable. Des grands groupes du CAC 40 commandent à des agences de manipuler l'opinion pour leurs propres intérêts, mettant à mal notre démocratie, mais il faudrait l'accepter. « Dans l'univers du numérique, le travail des agences consiste à faire en sorte que toutes les opinions autour des informations soient bien référencées sur Google, le moteur de recherche en situation de monopole auprès du grand public. On ne touche pas aux informations mais à la présentation des opinions. C'est ce que nous avons fait pour Uber, à l'époque. Ce "référencement naturel" (*search engine optimization*, SEO) représente un marché colossal : il a occasionné 75 milliards de dollars de dépenses aux États-Unis en 2022, un chiffre qui pourrait atteindre prochainement 200 milliards. On compte plus de deux cents agences de SEO rien qu'à Paris : c'est dire si cette pratique est commune ! Il faut dire que la société civile s'est organisée pour contester le monopole de Google dans le choix des résultats présentés lors d'une recherche sur Internet. »

La société civile ? M. Matthieu Creux veut présenter son entreprise Avisa Partners comme un collectif de citoyens de la société civile, qui défendrait sa liberté face au géant Google et son monopole ! N'importe qui ne peut pas s'organiser face à Google ! D'ailleurs, les montants versés par Uber en contrepartie de ces services représentent 55 250 euros hors taxes…

La manipulation de l'opinion par Uber ne s'arrête pas là. La plateforme américaine décide de recourir à des économistes afin de donner une légitimité scientifique à sa propagande pour défendre ses intérêts. Mark MacGann l'a résumé ainsi lorsque nous l'avons auditionné : « Pour contrer ce que disaient des sociétés comme G7 ou des responsables politiques conservateurs et hostiles à toute réforme, nous voulions démontrer la valeur ajoutée d'Uber pour l'économie et la société. Il fallait donner corps à nos déclarations avec des chiffres et des études. Nous avons donc engagé des économistes. […] MM. Landier, Bouzou, Thesmar et autres ont effectué des travaux qui nous ont ensuite permis de montrer aux décideurs politiques français que leurs propres économistes confirmaient ce que nous disions. Comme nous sélectionnions attentivement les données d'Uber fournies aux économistes, le résultat de leurs études était conforme à la commande. »

La commission d'enquête a pu auditionner tous ces économistes rémunérés par Uber. Les auditions d'Augustin Landier, de David Thesmar et de Nicolas Bouzou sont éclairantes sur la conception de l'éthique de ces universitaires libéraux. Lors de ces auditions, je ne dispose que des articles réalisés par les journalistes du Consortium – notamment ceux du *Monde* – et non de l'accès direct aux documents sources de Mark MacGann. Le suivi assidu des auditions par ces mêmes journalistes va toutefois permettre de les confondre sur certains de leurs mensonges.

L'étude d'Augustin Landier et de David Thesmar permettait d'affirmer que la plateforme crée de l'emploi – en particulier pour les jeunes exclus du marché de l'emploi – et constitue « un moyen d'éviter le chômage », selon ses propres termes. Uber permettait à de nombreux jeunes d'accéder à une première expérience de chauffeur VTC indépendant – et pour un montant non négligeable puisque l'étude indiquait : « La moyenne de ce revenu horaire est de 19,80 €. » Quand on sait que le Smic horaire brut est de 9,67 €, cela représente plus du double ! Si seulement c'était vrai ! De telles comparaisons avaient de quoi faire rêver. Il ne s'agit malheureusement que de recette horaire moyenne, dont il faut déduire toutes les charges des chauffeurs, l'achat et l'entretien du véhicule, les frais de carburant et d'assurance. Pourquoi, alors, n'avoir pas donné une estimation du bénéfice net ? M. David Thesmar répond lors de l'audition qu'il aurait été trop difficile de le faire et reconnaît ne pas savoir si cette moyenne aurait été ou non supérieure au Smic…

Non seulement la façon de présenter les résultats de leur étude est trompeuse mais, surtout, les *Uber Files* révèlent que les conclusions de l'étude figuraient déjà dans leur bon de commande, bien avant la réalisation de l'étude, donc !

Dans un courriel du 2 mars 2015 intitulé « *Landier proposal* », M. Maxime Drouineau, membre de l'équipe d'Uber chargée des affaires publiques, expose clairement la recherche de caution académique de la plateforme : « Ce dont nous manquons cruellement en France en ce moment, c'est justement de preuves scientifiques/académiques à l'appui de nos arguments. Pour l'instant, nos messages sont bien conçus et l'histoire que nous racontons aux décideurs est convaincante mais n'emporte pas la décision. Elle le pourrait si nous pouvions produire des études de tiers en soutien de nos messages, prouvant que nos belles terrasses ne sont pas purement du marketing mais reflètent des réalités plus profondes. » Dans un mail du 10 février 2015, avant la réalisation de l'étude par conséquent, M. Augustin Landier, assure que le rapport « pourrait être rapide et utilisable directement à des fins de relations publiques pour prouver le rôle économique positif d'Uber. [...] Voici les thèmes que nous trouvons hautement prometteurs : 1. Uber crée de "bons" emplois, même si ces emplois ne ressemblent pas nécessairement à un 9 heures-17 heures classique : les chauffeurs sont mieux payés qu'ils ne le seraient autrement ; les chauffeurs ont un emploi au lieu de n'en avoir aucun [...]. Les chauffeurs apprécient la flexibilité "choisie" [...]. 2. Uber n'affecte pas si gravement les emplois existants de chauffeur de taxi [...] ».

Comment ces économistes sont-ils amenés à rencontrer les dirigeants d'Uber ? Lors de l'audition, Augustin Landier nous a expliqué qu'il connaissait le « *chief economist* » d'Uber, un économiste académique ayant soutenu sa thèse à Harvard et désireux de bâtir des partenariats de recherche universitaire. Mais, à la suite de ces auditions, le journaliste du *Monde* Adrien Sénécat a publié un article éclairant autrement la mise en relation entre Uber et les économistes. Les données *Uber Files* démontrent que c'est le cabinet de lobbying Fipra – qui travaille pour Uber – qui a noué les premiers contacts et transmet à la fin l'accord de confidentialité. Un accord négocié par l'agence de lobbying – et donc à des fins de lobbying – mais également un accord de confidentialité : les économistes vont travailler à partir de données transmises par Uber, mais qui doivent rester confidentielles ! Ainsi, aucun autre économiste ne peut retravailler l'étude pour, scientifiquement, en confirmer ou en infirmer les conclusions…

Quelle totale confusion des genres : des universitaires – et non des moindres –, qui jouissent d'une certaine notoriété et sont même membres du conseil d'analyse économique censé être au service des pouvoirs publics, réalisent des études rémunérées pour une entreprise en pleine guerre d'opinion !

Lors de l'audition, je ne cesse d'interpeller sur ce qui constitue à mes yeux des manquements éthiques, ces entorses à l'objectivité scientifique. Il faut les entendre faire leurs numéros d'équilibristes pour justifier l'injustifiable, comme en témoignent ces propos de David Thesmar : « Les conclusions ne prétendent pas être objectives, mais ce qui est écrit dans la note est correct. Nous avons construit une analyse cohérente, qui conclut qu'Uber offre un apport positif à la société. » À l'objectivité, critère de la démarche scientifique, les « payés » par Uber se cachent derrière une analyse « correcte », justifiant sa « cohérence », à défaut d'être vraie… C'est là une autre manière de contourner le mépris de l'ambition de recherche de la vérité qui devrait guider tout scientifique dans ses travaux. Augustin Landier a d'ailleurs reconnu devant la commission d'enquête : « L'étude que nous avons menée n'était pas une étude académique mais une étude couverte par un contrat de consulting s'inscrivant dans le cadre d'un partenariat lucratif. »

Si ces études stipulent bien qu'elles ont été commandées et rémunérées par Uber, vous me direz qu'il n'y a rien d'illégal. Ces mentions sont comme les petits articles tout en bas du contrat d'assurance, invisibles ! Par contre, tous les titres universitaires des auteurs, eux, sont bien visibles pour la caution scientifique du propos !

La confusion est flagrante quand, dans un numéro du *Journal du dimanche* de décembre 2015, M. Landier figure parmi les cinq personnalités qui livrent leurs idées chocs pour l'emploi et soutient, comme par hasard, la création d'emplois de services grâce aux plateformes numériques comme Uber. C'est l'un des dirigeants d'Uber, Alexandre Quintard Kaigre qui se vante d'en être à l'origine : « J'ai poussé Augustin Landier comme "expert" pour qu'il donne son avis sur la recette au chômage dans le *JDD*... Heureusement, il a eu le bon réflexe : il travaille sur une étude pour nous ! » Évidemment, nulle part dans l'article n'est signalé que, au moment même de sa publication, l'auteur est en contrat avec la plateforme...

C'est que, pour ces économistes, l'opération est fort lucrative : l'étude a été rémunérée 100 000 euros ! La révélation de ce montant a fait débat au sein de la communauté universitaire. L'économiste Charles Wyplosz a déclaré : « Une telle somme se situe à l'extrême limite du spectre de ce qui est habituellement offert, surtout pour une étude aussi simple. Il se peut aussi que des économistes particulièrement réputés se voient proposer des honoraires de cette taille, mais alors la question éthique se pose. » La réponse de

David Thesmar devant la commission d'enquête est saisissante de décalage avec la réalité : « Chaque coauteur a reçu 50 000 euros. Ce montant est aligné sur les pratiques du marché. Il n'a rien d'excessif. Nous avons fixé ce montant en estimant que nous devrions y consacrer dix journées à temps plein, soit 5 000 euros par jour et 600 euros l'heure avant impôt. Ce montant ne se situe pas du tout en haut de la fourchette des prestations de *consulting* classique. »

Aucun souci, donc, pour David Thesmar d'être rémunéré 600 euros l'heure pour une étude douteuse, aux conclusions définies avant travaux, à la méthodologie plus que discutable, pour une entreprise qui exploite des chauffeurs qui, eux, touchent *a priori*, bien moins de 10 euros l'heure !

L'implication des autres économistes relève de la même logique. Ainsi, l'économiste Nicolas Bouzou réalise une étude pour Uber en mai 2015. Mais, dès le mois d'avril, il anticipe ses conclusions dans un mail adressé aux lobbyistes de la multinationale : « Le plus utile serait de publier une note synthétique qui démontrerait la contribution d'Uber à l'économie française. »

Un mail interne à Uber, venant de Maxime Drouineau et à l'intention des autres dirigeants de la plateforme à la suite de la rencontre avec Nicolas Bouzou, confirme la démarche : « Nicolas Bouzou [...] est intéressé par la rédaction d'une note économique synthétique sur l'impact économique d'Uber en France [...]. L'objectif est de résumer et de regrouper les bénéfices essentiels que notre entreprise apporte à l'économie française. » M. Drouineau se dit « convaincu que cela pourrait avoir un énorme impact sur les médias et que ce serait super utile pour les décideurs ». Selon lui, qui dit citer M. Bouzou, ce dernier serait

« très motivé pour faire ce travail. C'est pourquoi nous proposons un prix de 10 000 euros incluant la présentation de l'étude à des parlementaires et/ou à la presse ». Nicolas Bouzou lui aurait écrit : « [Nous] avons réfléchi à la méthode de soutien qui serait la plus efficace pour Uber France. Nous pensons que le plus utile serait de publier une note récapitulative montrant la contribution d'Uber à l'économie française. Nous réintroduirions de la rationalité économique nourrie par une analyse quantitative et des publications scientifiques. L'exemple d'Uber doit aussi permettre une prise de conscience plus large du rôle central des entreprises innovantes. [...] Notre travail s'inscrirait dans une perspective macroéconomique, faisant le lien entre le progrès des VTC et les enjeux majeurs de politique économique (objectifs d'augmenter la croissance potentielle, de réduire le chômage et de maximiser les recettes fiscales). »

Pour 10 000 euros, Nicolas Bouzou réalise une étude dont les conclusions sont tellement favorables à Uber que cela en est caricatural. Le message pour le gouvernement est clair : libéralisez le secteur du transport particulier de personnes en levant les barrières réglementaires (notamment les exigences de formation), vous créerez de la croissance, de l'emploi, des recettes fiscales et œuvrerez en faveur de l'égalité entre les territoires...

L'enquête parlementaire a également permis de se pencher sur le cas de Nicolas Louvet, fondateur du bureau de recherche 6t, spécialisé dans le secteur des transports. Trois études sont financées par Uber entre septembre et février 2018. Elles vantent la réponse à la demande de mobilité que satisfait Uber, les impacts positifs du service

UberGreen (mise en relation d'usagers et de chauffeurs disposant de voitures hybrides et électriques) et, enfin, l'impact d'Uber sur la diminution de l'usage de la voiture individuelle en Île-de-France. Cette fois-ci, c'est Nicolas Louvet lui-même qui a démarché Uber pour vendre ses études, en se prévalant de disposer d'un bon carnet d'adresses auprès des décideurs des collectivités locales comme la Région Île-de-France, la RATP, le Grand-Lyon ou l'Agence de l'environnement et de la maîtrise de l'énergie (ADEME).

Lors de son audition, M. Louvet est revenu sur les articles du *Monde* révélant les *Uber Files* pour s'insurger d'avoir été assimilé à un lobbyiste. De manière très affirmative, il n'a pas hésité à déclarer qu'il n'avait pas écrit de courriers ou de courriels à Uber « donnant à penser que cette dernière pouvait utiliser des études à des fins de lobbying. [...] le cabinet 6t ne faisait pas de lobbying ». À la fin de son propos, il a néanmoins ajouté : « Pour conclure, je tenais à vous dire qu'il faut mener un travail considérable – et nécessaire – pour convaincre des acteurs comme Uber de publier des études et de les rendre accessibles au plus grand nombre. Les collectivités bénéficient de ces efforts qui leur permettent d'accéder à des données coûteuses à produire et de prendre des décisions éclairées. »

Éclaire-t-on réellement les collectivités dans leurs prises de décisions par des études payées par des entreprises privées dont la méthodologie, l'accès aux données, semblent si opaques et le manque de rigueur si flagrant ? Uber l'a bien compris. Pour s'imposer sur le marché, il lui faut gagner l'opinion et influer sur les décideurs. Et ce, d'autant plus que les pratiques d'Uber dans nombre de domaines sont totalement illégales.

Uber, l'entreprise hors la loi

Dès le début, l'activité d'Uber contrevient aux lois et aux réglementations dans de nombreux domaines – à commencer par celui du transport de personnes à titre onéreux. Laurent Lasne, Karim Asnoun et Emmanuelle Freeza me l'avaient bien expliqué lors de notre première rencontre et je me souviens de ma stupéfaction. Il est difficilement entendable, de prime abord, qu'une plateforme si connue, dont les publicités saturent tout l'espace public, puisse de fait exercer dans l'illégalité. Il est essentiel, pour moi, que la commission d'enquête démontre bien, de façon pédagogique, tous les manquements au respect de l'État de droit d'Uber en particulier et du modèle de l'ubérisation en général.

Les auditions des syndicats de taxis, puis de Thomas Thévenoud et de Laurent Grandguillaume l'ont bien démontré. Les administrateurs qui m'épaulent dans cette enquête ont également épluché les textes législatifs successifs en vigueur dans le domaine. Mais c'est sans doute l'avocat Me Giusti qui résume le mieux la situation dans son audition : « L'illégalité est érigée en principe de fonctionnement, à tel point que, pour réussir dans l'économie du numérique, la plupart des gens que j'ai rencontrés pensent qu'il faut faire abstraction du droit. » Le cœur de l'enquête parlementaire concerne bien la façon dont une entreprise, connue et reconnue, peut, à ce point, imposer son état de fait à l'État de droit.

La plateforme Uber met en relation une clientèle et des chauffeurs VTC dont le statut a été créé par la loi Novelli du 22 juillet 2009. L'esprit de la loi fut bien la libéralisation de tout le secteur, mais elle n'ouvre que le marché de la réservation préalable – ce que l'on nommait la grande remise, c'est-à-dire les voitures de luxe avec chauffeurs – et préserve le monopole de la maraude aux taxis. La procédure d'immatriculation des VTC auprès du groupement d'intérêt économique Atout France est dématérialisée, purement déclarative et très peu coûteuse. La création du statut d'autoentrepreneur, grâce à la loi du 4 août 2008, facilite également l'engagement de travailleurs dans le secteur. Les mobilisations de taxis ont conduit, en février 2014, le Premier ministre Jean-Marc Ayrault à nommer le député socialiste Thomas Thévenoud comme médiateur. Le rapport de ce dernier sur sa proposition de loi d'octobre 2016 montre que le nombre de VTC a très rapidement explosé à l'arrivée d'Uber, passant de 1 286 entreprises en 2011 à 7 213 en 2014, provoquant la colère et la mobilisation des taxis dès le début de l'année 2014.

Le constat est sans appel. Uber ne respecte pas le monopole de la maraude réservé aux taxis. La géolocalisation des chauffeurs et des usagers par l'application permet, de fait, d'user d'une maraude électronique et brouille la notion de réservation préalable. Le Parlement adopte la loi dite « Thévenoud » afin de répondre à tous ces flous et d'imposer plusieurs choses aux VTC : obligation de retour au garage pour les chauffeurs VTC dès l'achèvement de leur course au moyen d'une réservation préalable, interdiction de la maraude pour les VTC y compris aux abords des gares et des aéroports, interdiction d'informer un client de sa localisation et de la disponibilité sur la voie publique avant cette réservation préalable – en d'autres termes, interdiction de la maraude électronique. De fait, jamais Uber ni aucune autre plateforme de VTC n'a respecté ni ne respecte ces dispositions de la loi !

Sur la question de la maraude, les dirigeants d'Uber n'ont jamais répondu de façon explicite.

Véritable pied de nez, Uber a même lancé une nouvelle application, UberPop, dès février 2014. Cette application permet à n'importe qui, sans licence VTC, de devenir chauffeur occasionnel après les journées de travail. En faisant passer UberPop pour une solution collaborative de covoiturage, Uber a poussé son offre commerciale totalement en dehors de tout cadre légal et régulé : aucune obligation de formation, de règlement de taxe, de cotisations sociales ou d'assurance obligatoire ! La colère des taxis n'en a été que plus déterminée ou désespérée. Uber est poursuivi au pénal pour UberPop, perd mais fait appel. Il a pleinement conscience de l'illégalité mais prolonge et étend le déploiement d'UberPop dans de nouvelles villes !

Lorsque Uber décide d'interrompre le service, le 3 juillet 2014, dans le cadre d'un accord sur lequel nous reviendrons ultérieurement, les dirigeants de l'entreprise découvrent une autre faille du cadre légal et s'y engouffrent, en détournant le statut LOTI. La LOTI (loi d'orientation des transports intérieurs), du nom de la loi du 30 décembre 1982, permet à toute personne, sans autorisation particulière, de faire du transport collectif, de deux à dix personnes, de manière occasionnelle. Cette loi concernait initialement les chauffeurs liés à des agences de voyages. Laurent Grandguillaume le résume ainsi : « De nombreux chauffeurs exerçaient de manière illégale cette activité de T3P (transports publics particuliers de personnes) puisque la loi LOTI était réservée à des transports collectifs (deux personnes et plus). Uber et les autres plateformes ont sciemment contourné la loi et organisé ce contournement. Cela posait des problèmes d'ordre public et fonctionnait avec des systèmes de sous-traitance en chaîne, si bien que les chauffeurs parlaient des capacitaires travaillant avec Uber comme étant des esclavagistes. » Uber a donc exploité cette législation pour permettre à des travailleurs non détenteurs de la carte professionnelle VTC d'inonder le marché.

La loi Grandguillaume, adoptée en décembre 2016, a interdit pour les capacitaires LOTI de proposer des courses dans des véhicules de moins de dix places dans les agglomérations de plus de 100 000 habitants, mais il a fallu attendre plus de deux ans avant que les décrets d'application ne rendent effective cette interdiction… Par son article 2, la loi rend par ailleurs obligatoire la transmission périodique, à des fins statistiques, de toutes les données nécessaires à la connaissance de l'activité du secteur du transport public particulier de personnes. Il s'agit d'une obligation essentielle pour contrôler l'évolution du secteur et en réguler le marché. Mais il a fallu attendre trois ans pour que le décret soit pris et deux ans supplémentaires pour son arrêté. Dans les faits, la commission d'enquête a pu constater que les plateformes ne transmettent aucune de leurs données et ne sont donc pas réellement contrôlées. Les représentants du taxi n'ont ainsi accès à aucune donnée fiable dans les commissions locales du T3P.

Aujourd'hui encore, la plateforme Uber – comme l'ensemble des autres plateformes de VTC – ne respecte pas toute cette législation du transport public particulier de personnes.

L'interrogation la plus essentielle liée au système Uber est celle du respect du Code du travail, et ses conséquences en termes de travail dissimulé et non-paiement des cotisations sociales. Uber a fait le choix de signer des contrats commerciaux avec les chauffeurs VTC, considérant ainsi qu'ils sont indépendants. Mais, dans les faits, les chauffeurs ne fixent pas eux-mêmes leurs tarifs et dépendent de la plateforme. Cette dernière a délibérément choisi de ne pas les placer sous le statut de salarié pour ne pas avoir à assumer toutes les obligations d'un employeur à leur égard. Mais n'y a-t-il pas un abus de détournement du statut d'indépendant ? Une fraude au détriment des chauffeurs, qui ne peuvent bénéficier de toutes les protections juridiques et sociales du statut de salarié, ainsi qu'au détriment de toute la collectivité puisque, ce faisant, Uber ne s'exonère pas de ses cotisations sociales d'employeur ?

Brahim Ben Ali, fondateur du syndicat INV-VTC, résume bien la problématique par sa propre expérience lors de son audition : « J'ai travaillé pour Uber comme chauffeur, m'étant laissé berner par l'indépendance promise. Or des liens de subordination sont très vite apparus : impossibilité de refuser des courses, notifications intempestives aux chauffeurs, menaces de déconnexion en cas de période prolongée d'inactivité, tarification imposée et ayant tendance à diminuer chaque année. Au fil du temps, j'ai vu mes camarades se faire déconnecter. »

Cette question du statut, salarié ou indépendant, est au centre de tous les débats de cette commission d'enquête et du débat de société sur l'ubérisation. Pour les macronistes – et en premier lieu le président de la République et donc le président de la commission d'enquête –, les chauffeurs « plébiscitent » ce statut d'indépendant. Il est pour moi déterminant que la commission rappelle que, dans notre État de droit, le fait de travailler comme indépendant ou salarié ne relève pas d'un simple choix des parties présentes, ni même du statut mentionné sur un contrat. Ce sont les faits, les conditions objectives dans lesquelles est exercée l'activité professionnelle qui déterminent sous quel statut légal chacune et chacun doit se retrouver.

L'audition de Jean-Michel Sommer, président de la chambre sociale de la Cour de cassation, a permis de bien préciser la distinction entre travail indépendant et salarié, ainsi que la notion de subordination : « La qualification du contrat de travail [...] est un contrat par lequel une personne physique (le salarié) s'engage à exécuter un travail sous la subordination d'une personne physique ou morale (l'employeur) en échange d'une rémunération. L'un des critères essentiels est celui du lien de subordination du salarié à l'égard de son employeur. Il permet de distinguer le contrat de travail d'une prestation exercée en tant que travailleur indépendant. Le lien est principalement juridique et pas seulement économique. »

« La définition du lien de subordination a été posée par un arrêt Société générale assez ancien, datant de 1996. Le lien de subordination est l'exécution d'un travail sous l'autorité d'un employeur qui a, premièrement, le pouvoir de donner des ordres et des directives, deuxièmement, le pouvoir d'en contrôler l'exécution et, troisièmement, celui de sanctionner les manquements de son subordonné. Dans cet arrêt de 1996, apparaît aussi ce qui est à la fois un critère et un indice : le "travail dans un service organisé" lorsque l'employeur détermine unilatéralement les conditions d'exercice du travail. C'est un critère subsidiaire, organisationnel, qui complète les autres. La jurisprudence retient enfin que la qualification de la relation contractuelle ne repose pas sur les termes mêmes du contrat. L'existence d'une relation de travail salariée ne dépend ni de la volonté exprimée par les parties ni de la dénomination que celles-ci ont donnée à leur convention mais des conditions de fait dans lesquelles a été exercée l'activité professionnelle. »

Pour distinguer entre travail indépendant et travail salarié, « le juge recherche généralement un faisceau d'indices [...]. La distinction entre fait et droit, dans ce cas, qui est un élément cardinal du travail de la Cour, s'estompe quelque peu. La désactivation d'un compte, le choix des horaires de travail, la géolocalisation, le libre choix de l'itinéraire, des clients, l'évaluation et la notation, la comptabilisation des kilomètres parcourus, le port d'une tenue imposée au travailleur, la tarification, la mise à disposition du matériel, des clauses de non-concurrence, l'interdiction d'un pourboire, etc. sont autant d'indices qui doivent être recherchés. Ensuite, les éléments de fait sont confrontés aux catégories que j'ai énumérées auparavant. La qualification d'une relation contractuelle n'est donc pas une mince affaire. En l'état actuel du droit, il appartient au travailleur de démontrer l'existence du contrat de travail, étant précisé que lorsque celui-ci est immatriculé au registre du commerce et des sociétés, au répertoire des métiers ou auprès de l'Urssaf, il est présumé être un travailleur indépendant et n'est pas soumis au Code du travail » [comme prévu par l'article L. 8221-6 de ce Code].

L'intérêt pour Uber de choisir d'avoir à faire à des indépendants lui permet de se soustraire à toutes les obligations d'employeur propres au salariat. Il peut payer les chauffeurs à la tâche effectuée, revenir au tâcheronnage du XIXe siècle, avant les grandes conquêtes du mouvement ouvrier, avant la création du Code du travail de 1910 ! Nul besoin d'avoir une organisation du travail garantissant de pouvoir payer des salaires au minimum du Smic horaire, qui respecte les qualifications et les conventions collectives, au risque de payer les coûts d'un licenciement. Nul besoin de payer les cotisations sociales qui garantissent une protection sociale des travailleurs. Le coût est minimal ! Uber n'a pas non plus à investir dans le capital fixe : l'outil de travail du chauffeur, sa voiture, son coût à l'achat, à l'entretien, le carburant, tout cela est assumé par le chauffeur lui-même. L'innovation d'Uber n'est rien d'autre qu'une grande régression sociale par l'externalisation du travail, une fraude massive par le retour au tâcheronnage !

Côté fiscalité, Uber est une entreprise experte dans l'évitement de l'impôt et a développé pour cela toute une stratégie ! Comme le raconte lors de son audition Mark

MacGann : « La pression de l'administration fiscale était énorme. Nous étions basés aux Pays-Bas, ce qui était légal à l'époque – même si ce n'était pas moral. Nous payions l'impôt sur les sociétés dans ce pays. Nous disions qu'Uber France SAS était une petite société qui s'occupait de marketing et qui faisait de la promotion sans avoir de prise sur les décisions, et que les opérations étaient dirigées depuis Amsterdam et non Paris. C'était faux. »

À cette accusation, Uber n'a jamais répondu.

Comme le rappelle Me Giusti, Uber « se considère comme un intermédiaire et non comme une organisation de transport, ce qui est contraire aux arrêts de la Cour de justice de l'Union européenne de 2013 et aux arrêts de la cour d'appel de Paris. Uber prétend, en tant que société établie aux Pays-Bas, ne pas devoir payer d'impôts, y compris sur la commission prélevée au chauffeur ». Uber France ne s'occuperait que du marketing et de la publicité ; toute la gestion et les décisions seraient prises à la maison mère, située opportunément aux Pays-Bas (Uber BV) où la fiscalité des entreprises est bien plus avantageuse et où Uber a, en plus, négocié un rescrit fiscal. S'ensuit un jeu sur les prix de transfert entre Uber BV et ses filiales, dont Uber France. Pour la France, l'enjeu est donc d'évaluer et de négocier avec les Pays-Bas « la part de redevances qui doit revenir sur le territoire français pour y être fiscalisée », comme le résume Jérôme Fournel, directeur général des Finances publiques lors de son audition.

Mais les échanges internes entre dirigeants d'Uber, révélés par les *Uber Files*, montrent que leur rôle ne se limite absolument pas à une vulgaire exécution. Comme le décrit Jérémie Baruch, journaliste au *Monde* : « Ils ne se contentent pas d'obéir aux ordres venus des Pays-Bas.

Cela pourrait impliquer pour la société Uber France un statut d'établissement permanent : elle devrait alors payer des impôts sur les activités de la société en France, donc sur les revenus tirés de toute l'activité VTC. Dans tous les courriels échangés sur ces sujets, Uber insiste sur le fait que sa structure fiscale en Europe est son talon d'Achille : s'ils n'arrivent pas à la défendre, ils vont perdre encore plus d'argent et devront fermer boutique. »

La stratégie fiscale ne se limite pas à l'optimisation : Uber surexploite également les avantages liés aux paradis fiscaux. Le rapport l'explique en s'appuyant sur l'audition de M. Jacques Monin, journaliste du Consortium international des journalistes d'investigation : « [Uber] a créé une filiale aux Bermudes, qui détenait jusqu'en 2019 ses brevets en matière de technologie de transport. Les redevances liées à l'utilisation de son application étaient ainsi versées à l'unité basée dans les Caraïbes, ce qui réduisait considérablement la facture fiscale du groupe. "C'est la partie Bermudes ou Caïmans qui met tant de gens en colère en Europe", écrit Rachel Whetstone, alors responsable de la communication d'Uber, dans un courriel adressé aux cadres. Elle se dit cependant fière de la politique fiscale mise en place par son entreprise. "Même si nous n'étions pas impliqués dans l'affaire des Caraïbes [référence aux Bermudes], nous aurions une longueur d'avance sur les autres entreprises technologiques américaines", ajoute-t-elle, avant de préciser : "Cela reste entre nous, car on parle là d'une question qui ne doit pas être nommée." Contactée, Rachel Whetstone n'a pas souhaité faire de commentaires [...]. En 2012, quelques mois après ses débuts en France, Uber crée une société néerlandaise, Uber BV, destinée à recevoir les paiements des clients qui réservent des voitures, quel que soit l'endroit où elles se trouvent dans le monde. Pendant longtemps, Uber BV aurait reversé jusqu'à 80 % de ses ressources aux chauffeurs, la majeure partie du restant ayant été transférée à son établissement des Bermudes où les revenus des entreprises n'étaient pas imposés. »

Uber échappe également à la TVA. Ce sont les chauffeurs qui s'acquittent de la TVA sur le prix de la course, mais également sur la contribution qu'encaisse Uber, sans oublier la TVA sur l'essence et sur la voiture. S'ils étaient reconnus comme des salariés, ce serait à l'employeur de s'en acquitter. Me Jérôme Giusti mène cette bataille avec des chauffeurs VTC. Si ce règlement de la TVA par les VTC est neutre pour les finances publiques, elle ne devrait pas être payée par les chauffeurs sur leurs marges, alors qu'ils n'ont pas la liberté de fixer eux-mêmes leurs tarifs, mais bien par la plateforme. Uber n'a par ailleurs aucune gestion comptable à assumer sur la gestion de la TVA !

Mark MacGann résume ainsi l'attitude d'Uber vis-à-vis de ces infractions et des organismes de contrôle : « Beaucoup de rencontres très diverses ont eu lieu avec la DGCCRF et l'Urssaf car elles estimaient que nos opérations posaient problème d'un point de vue légal. L'Urssaf considérait que nous organisions du travail dissimulé. Toutes ces administrations voulaient l'identité de nos chauffeurs pour pouvoir prélever l'impôt sur le revenu, la TVA et les cotisations sociales. Or, nous ne voulions absolument pas que les autorités obtiennent les données sur nos chauffeurs ; nous prétendions que nous voulions les protéger. En fait, c'était pour des raisons égoïstes car si l'un d'entre eux était poursuivi et condamné, il allait arrêter de travailler pour Uber et la stratégie de l'entreprise s'effondrerait. »

Uber, la stratégie du chaos

Uber sait pertinemment qu'il exerce dans l'illégalité. C'est intégré dans sa stratégie depuis le départ, au point de former son encadrement à anticiper toutes les procédures administratives et judiciaires auxquelles il s'expose en Europe.

Parmi les documents transmis par le lanceur d'alerte, on trouve la pièce à conviction la plus édifiante. Il s'agit d'un schéma diffusé en interne, intitulé « *Pyramid of shit* », daté du 11 décembre 2014. Son sous-titre témoigne du cynisme de la plateforme : « La meilleure défense, c'est l'attaque ». La pyramide décrit toutes les procédures qu'Uber encourt – tout comme ses VTC : « À sa base figurent les procès intentés par des chauffeurs ; à l'étage supérieur, les enquêtes administratives en matière de droit du travail, de droit de la consommation, de droit de la concurrence et en matière de transports ; au troisième étage les procédures administratives ; enfin, au sommet de la pyramide, les contentieux directs, qu'ils soient civils, administratifs ou pénaux. Ce schéma, autant que le vocabulaire employé, est très évocateur de la manière dont Uber concevait le respect de la loi et des droits des travailleurs en Europe. »

L'entreprise américaine est donc tout à fait consciente du fait qu'elle braque toutes les lois de la République. Uber s'implante en se jouant des règles du transport public particulier de personnes, en matière de fiscalité et de prélèvements sociaux et de droit du travail. La direction utilisait cette pyramide lors de réunions.

La plateforme n'a pas seulement conscience qu'elle va devoir faire face à des opérations de contrôle, elle s'organise pour y échapper ! Les *Uber Files* nous apprennent que la société américaine s'est dotée d'un logiciel, Casper, qui peut enclencher, à distance et immédiatement, l'effacement de toutes les données. Uber nomme cette technique le "*kill switch*". Mark MacGann décrit la situation : « Avec la croissance rapide du nombre de véhicules Uber dans les rues de Paris, le fisc s'est rendu compte que les chauffeurs ne payaient pas l'impôt sur le revenu et qu'Uber France SAS était peut-être un faux nez. L'Urssaf a aussi effectué des perquisitions au titre des cotisations sociales. Cela a conduit à des litiges devant les tribunaux. Les perquisitions sont devenues tellement habituelles en France que Salle Yoo, à l'époque directrice juridique à San Francisco, et Travis Kalanick nous ont ordonné de mettre en place le fameux *kill switch* pour que les forces de l'ordre et les agences de l'État ne trouvent qu'un écran noir en allumant les ordinateurs. Nous faisions donc un peu d'obstruction pour empêcher l'accès aux données. »

Le journaliste du *Monde* Martin Untersinger, dans son article du 11 juillet 2022, estime, via les données *Uber Files* que la plateforme « a utilisé cette technique à au moins douze reprises entre novembre 2014 et novembre 2015, pour tenter de déjouer des enquêtes judiciaires et administratives, dans plusieurs pays, dont la France ». Le *kill switch* aurait été utilisé cinq à six fois dans l'Hexagone.

Il nous a fallu, avec les administrateurs et mon équipe, éplucher toutes les données transmises par Mark MacGann pour retrouver ces utilisations.

Un mail du directeur juridique d'Uber pour l'Europe, en date du 17 novembre 2014, ordonne de « coupe(r) l'accès immédiatement » ; l'ordre est exécuté en moins de quinze minutes.

Le 16 mars 2015, lors d'une perquisition policière concernant le service UberPop, Mark MacGann écrit : « La police est toujours là. Groupe nombreux (environ 25). Police judiciaire. Le fondement de la descente est la loi Thévenoud, des choses comme l'intermédiation et le respect de la vie privée [...]. La police essaie d'ouvrir les ordinateurs portables. [...] On a confisqué les téléphones de notre équipe. [...] La police a l'air de douter de ce qu'elle doit chercher. Nous avions renforcé notre préparation en fin de semaine dernière après la descente à Bruxelles et la menace de descente à Amsterdam, donc les choses se passent aussi bien que nous pouvions nous y attendre de notre point de vue. L'accès aux outils informatiques a été coupé immédiatement, donc la police ne pourra pas accéder à grand-chose. »

Le *kill switch* est évoqué le 13 octobre 2015, à l'occasion d'un contrôle de l'Urssaf dans l'immeuble d'Uber France, tout d'abord pour écarter cette procédure, pour des raisons d'opportunité plutôt que de principe. Thibaud Simphal, alors directeur général d'Uber France, écrit : « SVP pas de *kill switch* pour toute l'équipe, trop perturbant pour le travail de toutes les équipes – de plus l'Urssaf n'a pas le droit de saisir des ordinateurs portables, recueillir des données, etc. en principe. » Deux seuls salariés présents sur les lieux vont activer le *kill switch*. Il s'agissait en réalité d'une fausse alerte puisque l'Urssaf ne s'était pas déplacée pour Uber, mais pour une entreprise de sécurité installée dans le même immeuble!

Le 6 juillet 2015, c'est lors d'une intervention des autorités fiscales dans les locaux d'Uber à Paris, visant le siège européen Uber BV, que le *kill switch* est actionné. Nous le retranscrivons dans le rapport. « Après s'être aperçu que l'ordinateur de Pierre-Dimitri Gore-Coty, alors directeur d'Uber pour l'Europe de l'Ouest, a échappé à la déconnexion » et constatant que les enquêteurs « ont accès à tout » et « passent tout en revue », selon les mots de Thibaud Simphal, le mécanisme est à nouveau déclenché. « On dirait que l'accès a été coupé, ils ne peuvent plus avoir accès », écrit alors le directeur d'Uber en France à plusieurs de ses collègues. Dans un second temps, Uber tente de tromper les enquêteurs. Le directeur juridique fournit ainsi à M. Simphal le code de déverrouillage de son ordinateur en faisant le pari que ce dernier est vierge de toute donnée. « Vous avez le code, espérons que tout le monde a un ordinateur propre », explique-t-il ainsi dans un SMS. Les employés d'Uber se voient transmettre des instructions afin que leurs ordinateurs ne contiennent aucune donnée compromettante pour la société : recourir au logiciel Casper, qui permet l'activation du *kill switch*, n'utiliser qu'une messagerie en ligne pour éviter que des courriels ne demeurent enregistrés dans l'ordinateur, régler l'ordinateur afin qu'il se mette en veille après deux minutes et demande de mot de passe après seulement cinq secondes de non-utilisation de l'ordinateur, « ne conserver que le strict minimum de documents sur leurs ordinateurs et [...] privilégier les sauvegardes dans le cloud, dont l'accès est plus facile à couper ».

Selon le journaliste Martin Untersinger, dans son article du 11 juillet dans *Le Monde*, « ce mécanisme est un instrument stratégique, dont l'utilisation est validée, voire encouragée, au plus haut niveau de l'entreprise. [...] Le 2 avril 2015, à Amsterdam, c'est Travis Kalanick lui-même qui ordonne d'utiliser le *kill switch*. La procédure en cas de visite des forces de l'ordre, c'était de gagner du temps et d'appeler San Francisco. “Même s'il était 2 heures du matin là-bas, il y avait des gens censés réagir”, explique aujourd'hui un ancien avocat européen d'Uber. [...] L'utilisation de cet interrupteur pour faire obstacle à une enquête légalement diligentée peut s'apparenter en France à un délit d'obstruction de la justice », puni de trois ans d'emprisonnement et de 45 000 euros d'amende, comme prévu par l'article 434-4 du Code pénal. J'aurais bien aimé saisir le procureur de la République au titre de l'article 40 du Code de procédure pénale, mais ces faits sont aujourd'hui prescrits.

Sur la question du *kill switch*, Uber a reconnu avoir commis des erreurs, mais prétend avoir modifié ses pratiques.

Le contournement des lois de la République ne se fait pas sans violence. Cette dernière est même recherchée, voire alimentée par Uber. L'application UberPop, son maintien en fonctionnement malgré la loi Thévenoud – qui la rend illégale – et la décision de justice – qui la condamne – provoquent le pic des mobilisations et des tensions entre taxis et chauffeurs VTC. Comme le dit Mark MacGann, UberPop « était le pan le plus sulfureux de [leur] activité ». Mais Travis Kalanick refusait de fermer l'application. « Paris était en feu, ses rues bloquées par les taxis qui avaient peur pour leur avenir. Ils se disaient : "Ce mastodonte débarque de San Francisco avec 10 milliards et les menaces brandies par le gouvernement restent sans effet ! Comment le pouvoir régalien peut-il être incapable d'obliger une société privée à cesser une activité illégale ?" Aux manifs répondaient des contre-manifs et des voitures étaient en feu. Tout cela faisait la une des journaux. L'équipe locale était paniquée, ce qui est compréhensible. Au siège, à San Francisco, ils n'étaient pas tellement émus. Comme le démontrent les textos publiés par les journalistes auxquels je les ai remis, le patron-fondateur de la société considérait que la violence garantissait le succès. Il voulait dire par là que, si une manif de taxis et des voitures qui brûlent attirent l'attention des médias, nous devions faire en sorte que les chauffeurs Uber agissent de même et organisent une contre-manif. Il fallait les encourager à descendre dans la rue pour plaider la cause de leur avenir pour occuper davantage encore la une des journaux et mettre ainsi sous pression les Hollande, les Valls et les Cazeneuve de ce monde, pour qu'ils changent rapidement la loi, car Uber a raison et les autres ont tort. »

Puisque, selon les dirigeants d'Uber – et en premier chef son P.-D.G. Monde, Travis Kalanick –, « la violence garantissait le succès », tous les moyens étaient bons pour alimenter la tension. Dans une capture d'écran en date du 29 janvier 2016, M. Kalanick avait d'ailleurs écrit : « Désobéissance civile. 15 000 chauffeurs. 50 000 passagers. Une manifestation ou un sit-in pacifique. Si nous avons 50 000 passagers ils ne voudront ni ne pourront rien faire. Je pense que cela en vaut la peine. La violence garantit le succès. Et il faut résister à ces gars, non ? Je reconnais qu'il faut réfléchir à l'endroit et à l'organisation adaptés. »

Brahim Ben Ali, du syndicat INV-VTC, nous a bien exposé lors de son audition la stratégie d'instrumentalisation des chauffeurs VTC par Uber. Ses propos ont été confirmés par Helmi Mamlouk, secrétaire général du syndicat FO-CAPA-VTC : « Le journal *La Tribune* a publié, le 10 février 2016, un article intitulé "Uber met la main au porte-monnaie pour inciter les chauffeurs à manifester". Il faisait référence aux agissements d'Alternative mobilité transport (AMT), une association présidée par Joseph François et montée de toutes pièces par Uber pour défendre ses intérêts alors que le député Laurent Grandguillaume planchait sur une régulation du secteur [...]. Ainsi, Uber n'a pas hésité à payer des personnes pour manifester contre la loi Grandguillaume. Les adhérents de notre syndicat n'ont pas été directement sollicités à cette fin, mais ils ont subi des pressions et des menaces de déconnexion. La plupart d'entre eux ont d'ailleurs été déconnectés à la suite du mouvement social de 2019 : un agent de sécurité nous a informés qu'Uber avait récupéré des enregistrements vidéo permettant d'identifier les manifestants. La plateforme aurait agi différemment avec d'autres associations et syndicats, proposant à leurs membres des courses d'un meilleur niveau ou leur faisant des offres à caractère financier, selon des bruits de couloir qui m'ont été relayés par des collègues ayant démissionné de ces organisations. Du reste, de telles pratiques ont cours dans d'autres pays. James Farrar et Yaseen Aslam, du syndicat App drivers and courriers Union (ADCU), sont confrontés aux mêmes difficultés au Royaume-Uni, où des associations et syndicats montés de toutes pièces et financés par Uber font office d'opposition contrôlée ou d'organisations de défense du modèle actuel.

« Le premier syndicat “maison” s'appelait l'AMT [...]. Ces personnes ont clairement été soudoyées, financées, aidées et épaulées par Uber. Les manifestants envoyés par l'AMT recevaient 100 euros pour participer à la manifestation contre la loi Grandguillaume. Certains de mes amis ont d'ailleurs perçu cette somme après avoir participé à la manifestation. »

M. Sayah Baaroun, secrétaire général du syndicat des chauffeurs privés, l'a également confirmé : « Il est vrai que des chauffeurs ont participé à une manifestation pour récupérer une prime de 100 euros ou 250 euros de la part d'Uber. »

Un échange de SMS, daté du 30 janvier 2016 entre Thibaud Simphal et Mark MacGann, illustre la stratégie de manipulation des chauffeurs dans le conflit – et à quel point ce sont bien les dirigeants d'Uber qui pilotent la communication du pseudo-mouvement de protestation des chauffeurs. M. Simphal écrit : « Guys urgent : il faut décider le hashtag. On propose : #laissezlestravailler. On a discuté avec l'équipe. On a 10 minutes. » M. MacGann lui répond : « #laissezNOUStravailler. Pourquoi “les” ? » M. Simphal : « Parce que c'est compliqué pour Uber. Ce ne sont pas nos employés. »

Un lobbying au cœur de l'oligarchie

Les données des *Uber Files* révèlent que l'entreprise dépense des sommes colossales en cabinets d'avocats d'affaires et de lobbying. Mark MacGann estime ces dépenses à plus de 90 millions par an !

Pour tenter de comprendre comment les contacts ont été tissés avec les décideurs publics, notre commission auditionne Thaima Samman, du cabinet du même nom spécialisé en affaires publiques. Je connaissais son nom en tant que fondatrice de SOS Racisme mais j'ignorais tout de son implication dans les *Uber Files*. Elle y est citée comme le premier cabinet français ayant travaillé pour Uber, de 2013 à 2015. C'est très certainement la première avocate d'affaires qui apporte tous ses conseils pour décrypter le cadre juridique du secteur du transport à titre onéreux et la première qui fournit à la plateforme un vaste carnet de relations politiques pour les actions de lobbying. C'est dire si son rôle est clé. Dès le début de l'audition, je comprends qu'elle ne nous dévoilera rien : « Je précise que je travaille au sein d'un cabinet d'avocats, le cabinet Samman. À ce titre, je suis soumise au secret professionnel. Je vous dirai naturellement toute la vérité mais il pourra m'arriver de ne pas pouvoir répondre à vos questions compte tenu de ma relation d'avocate avec la société Uber. » S'ensuit un immense tunnel sur toute sa connaissance juridique du secteur. Quand on la relance sur la nature de ses activités pour Uber, la réponse est de nouveau bien brève : « Je ne vais pas pouvoir vous répondre sur les activités que j'ai menées pour Uber ; je ne le peux pas. Cependant, vous pouvez parfaitement poser cette question à la société Uber qui n'est pas tenue par le même secret. »

L'action de Thaima Samman a d'abord porté sur l'explication de l'état de la législation en France afin qu'Uber en prenne bien connaissance. Elle ne pouvait donc pas ignorer qu'Uber ne respectait pas toutes les lois en vigueur et exerçait certaines de ses activités dans l'illégalité. Mais à cela, l'avocate répond : « À nouveau, ces sujets sont couverts par le secret professionnel. » L'avocate va même prétendre qu'elle n'était plus là lors de l'adoption de la loi Thévenoud, alors que celle-ci a été promulguée en octobre 2014. Puis elle affirme qu'elle travaillait bien pour Uber en juillet 2015, date à laquelle les données *Uber Files* font référence à un deal passé entre Emmanuel Macron et les dirigeants d'Uber…

Bien plus tard, les données transmises par Mark MacGann confirment le rôle crucial de Thaima Samman. J'y découvre un tableau qui contient une très large liste d'élus à contacter, avec des précisions sur ceux qui l'ont déjà été ou devront l'être. Du fait de son passé militant politique et de ses engagements antérieurs auprès de Claude Bartolone comme collaboratrice parlementaire quand il était député, puis au conseil général du 93 quand il en devient président, Thaima Samman connaît parfaitement les décideurs publics, élus ou administratifs – et notamment les dirigeants socialistes.

Mais de tout cela elle ne dit rien lors de l'audition, se cachant en permanence derrière le fameux « secret professionnel », alors même que ses activités pour Uber ne relèvent aucunement du secret d'un avocat avec son client dans le cadre d'une procédure en justice. Toutes mes questions à propos des personnes contactées ayant facilité la mise en relation avec le ministre de l'Économie ou la recherche de parlementaires pour porter des amendements obtiennent une réponse équivalente : « Comme je vous l'ai indiqué, le secret professionnel s'impose à moi. » Bien pratique ! Aucun compte à rendre !

Les données des *Uber Files* révèlent qu'Uber travaillait avec l'agence de lobbying Fipra dans l'ensemble des pays de son implantation, excepté la France durant la période où le cabinet Samman travaillait pour eux. C'est en 2017 que le cabinet Samman a rejoint le réseau Fipra. Selon Thaima Samman, elle n'aurait cependant jamais travaillé pour Uber au sein de ce réseau. Le cabinet de lobbying aura perçu d'Uber plus de 2,5 millions d'euros d'août 2014 à mars 2015 au titre d'études ou d'interventions de lobbying. Mais combien le cabinet de Thaima Samman aura-t-il perçu d'Uber ? Secret professionnel. Pour quelles actions, mises en relation et lobbying ? Secret professionnel.

Nous avions souhaité auditionner les responsables de l'agence Fipra de l'époque mais les contacts ont été très difficiles. Nous avions identifié Jean-François Guichard, qui était l'interlocuteur d'Uber chez Fipra. Nous n'avons pu l'organiser. Par ailleurs, la commission d'enquête n'a pas le pouvoir de contraindre à des auditions des non-nationaux.

Cela dit, le cabinet Fipra ne serait « qu'un cabinet parmi les centaines qui existent dans le monde et les douzaines qui existent en France, aux côtés notamment de Publicis, APCO, Bredin Prat et Havas », selon Mark MacGann. Le lanceur d'alerte nous a déclaré qu'il avait le « 06 » des patrons de ces sociétés et il a choisi de les embaucher pour qu'ils aident à tisser précisément un autre lien avec les élus afin de contribuer à modifier le cadre législatif et réglementaire.

L'expansion agressive d'Uber dans le monde s'est adossée à une stratégie de « pression exercée sur plus de 1 850 élus et fonctionnaires dans vingt-neuf pays et au sein des institutions de l'Union européenne. Les données montrent à quel point l'entreprise a eu un accès incroyablement aisé à des dirigeants politiques de premier plan et une influence disproportionnée sur des gouvernements, tout en trompant les autorités fiscales et en défiant la loi ». Mark MacGann nous a bien expliqué que, au moment de son arrivée dans la société, les relations entre Uber et les pouvoirs publics se faisaient au niveau de la DGCCRF, de l'Urssaf et du ministère des Transports, mais pas au sommet de l'État : « Les discussions se faisaient en direct ou au travers d'avocats – Bredin Prat, par exemple – et de consultants. »

Mais ce ne sont pas ces consultants, lobbyistes internes ou externes à Uber qui ont organisé la première rencontre entre Travis Kalanick, P.-D.G. Monde d'Uber et Emmanuel Macron. C'est la multinationale américaine Google qui est intervenue directement. Mark MacGann nous l'a bien raconté : « L'un de nos investisseurs, Google, nous a mis à disposition non seulement des fonds – 250 ou 300 millions de dollars – mais, ce qui nous était encore plus utile, son carnet d'adresses. Mon homologue "affaires publiques monde" nous a envoyé un long mail mentionnant les pays dans lesquels ils avaient accès aux plus hauts dirigeants. Fin septembre 2014, le responsable des affaires publiques pour Google en France, Francis Donnat, a ainsi contacté le directeur de cabinet adjoint du ministre de l'Économie, Emmanuel Lacresse – tous deux de la promotion Valmy de l'ENA –, pour lui demander si le ministre pouvait recevoir Travis Kalanick, de passage à Paris. La réunion a eu lieu le 1er octobre 2014 ; étaient présents, outre Emmanuel Macron, Travis Kalanick et moi-même, son directeur de cabinet adjoint et Étienne Chantrel. C'était la première rencontre entre Uber et le ministre de l'époque. Nous avons eu cet accès grâce à Google. Il en a été de même en Grande-Bretagne. Même si moi et mes équipes avions nos propres carnets d'adresses, c'était inouï et utile. Si ce n'était pas illégal, c'était en revanche déloyal car aucune autre start-up, comme Heetch ou BlaBlaCar, ne disposait d'un tel réseau d'influence. Ce premier contact avec un membre important du gouvernement français de l'époque a marqué le début d'une relation fructueuse. »

C'est donc directement par l'intermédiaire de Francis Donnat, responsable du lobbying chez Google, et à la demande de Rachel Whetstone, la directrice américaine des affaires publiques mondiales de Google, que se tient la première rencontre entre Travis Kalanick, P.-D.G. d'Uber, et Emmanuel Macron.

Dès décembre 2014, une liste d'investisseurs français est élaborée en interne. L'enjeu n'est pas seulement de lever des fonds mais bien de bénéficier des capacités d'influence dans le monde politique des grands patrons du CAC 40. Une communication d'Alexandre Molla, chargé de l'expansion au sein d'Uber France et transmise dans les *Uber Files*, datée du 31 décembre 2014 expose cette stratégie : « Bernard Arnaud (LVMH) et François Pinault (Groupe Kering), tous deux présents dans le secteur du luxe et des spiritueux, sont des investisseurs très actifs et bénéficient d'une haute considération au sein des élites françaises. J'ajouterais sans aucun doute quelques noms d'hommes d'affaires/d'investisseurs français qui ont un accès direct aux élites françaises, au plus haut niveau, et sans distinction de bord politique : – Vincent Bolloré (transports, infrastructures, médias), – la famille Wendel, – Eurazeo (liens forts avec d'anciens dirigeants de la banque Lazard), – Carmignac Gestion (grande holding de gestion d'actifs). Du reste, le ciblage d'investisseurs français est également envisagé comme utile pour influencer le cadre réglementaire hors de France. J'ajouterais que JCDecaux, bien qu'ils soient encore une entreprise familiale, pourrait avoir une valeur ajoutée significative étant donné les relations solides qu'ils ont dans chacune des villes où ils ont des opérations, ce qui inclut la plupart des plus grands aéroports du monde (présence globale, dans le monde entier, mais liens très forts au niveau local étant donné la nature de leurs affaires – la publicité dans l'espace public). »

Xavier Niel, fondateur de Free et acteur incontournable de capitalisme numérique, est aussi démarché, pour investir, mais également pour toutes ses relations. Le 21 janvier 2015, il invite à déjeuner Travis Kalanick, de passage à Paris. Ils se rendent ensuite dans les locaux, pour une rencontre avec Bernard Arnault, patron de LVMH. Maxime Vaudano, journaliste au *Monde*, résume, dans un article en date du 10 juillet 2022, le « projet Cheetah », découvert dans l'enquête *Uber Files* : « Un tour de table à plusieurs centaines de millions de dollars, ouvert quelques mois plus tôt par la direction d'Uber, est destiné à recruter à travers le monde des "investisseurs stratégiques" dotés d'un poids suffisant pour défendre les méthodes cavalières du groupe américain face aux gouvernements récalcitrants. "Nous souhaitons qu'ils nous aident, et les faire investir personnellement est une bonne façon de mettre leur peau en jeu. Nous n'avons pas vraiment besoin de leur argent, mais ils peuvent être des alliés utiles", résume Pierre-Dimitri Gore-Coty, le directeur général du groupe en Europe de l'Ouest, dans un courriel. » Les dirigeants d'Uber s'attachent ainsi à ce que Bernard Arnault investisse personnellement et non par l'intermédiaire de son entreprise. Deux messages de Pierre-Dimitri Gore-Coty l'expriment clairement : « Je pense qu'il serait bon que nous le fassions s'engager personnellement dans cette affaire » ; « S'il investit à titre personnel [et non par l'intermédiaire de LVMH/LCapital], je pense que cela pourrait être d'une grande aide. »

Le rapport de la commission d'enquête permet de retracer de nombreux échanges internes entre les dirigeants d'Uber qui montrent comment la plateforme tisse sa toile dans cet univers oligarchique avec des investisseurs comme Bill Gurley. Peter Fenton, son associé au sein du fonds d'investissement Benchmark Capital, expose son rôle dans un message destiné à Mark MacGann : « Je dîne ce soir avec Xavier, qui est très proche de Macron. J'ai aussi proposé à Bill de mettre Travis en relation avec Carlos Ghosn et le P.-D.G. de Peugeot par l'intermédiaire de Chris Cole (il connaît aussi l'équipe de Daimler). »

Chaque investisseur est utilisé comme levier d'influence politique. Emil Michael, vice-président senior chez Uber, envoie ainsi ce message à Mohamed Al-Sowaidi, chef des investissements au sein du fonds souverain qatari, qui détient par ailleurs des parts du groupe de transport Transdev via Veolia : « Transdev a été un opposant majeur à Uber en France et a fortement contribué à perturber notre activité. Nous voudrions parler à quelqu'un de bien placé chez QIA (Deven Kernik ?) qui pourrait potentiellement influencer la situation puisque nous faisons maintenant partie de la famille QIA. À qui pourrions-nous parler ? » On se perd dans toute cette nébuleuse et j'imagine que notre connaissance n'est très certainement que parcellaire.

Mark MacGann résume parfaitement l'intérêt pour la plateforme américaine hors la loi de tisser tout ce réseau avec ce milieu oligarchique : « Nous [avons] pu obtenir, par le biais de Google, de l'énarchie [les réseaux de l'ENA] et des potes, un accès direct à l'hôtel des ministres à Bercy, et [avons] pu maintenir cet accès alors que nous étions sans le moindre doute dans la plus totale illégalité au regard de la loi sur les transports, de la fiscalité, de l'Urssaf et de la DGCCRF. »

Le deal Uber-Macron a bien eu lieu

La première rencontre entre le P.-D.G. Monde d'Uber, Travis Kalanick, et le ministre de l'Économie de l'époque, Emmanuel Macron, s'est donc tenue le 1er octobre 2014 à Bercy. Comme le révèle pour *Le Monde* le journaliste Damien Leloup dans son article du 10 juillet 2022, cette rencontre restée confidentielle ne figure pas à l'agenda du ministre : « À 8 h 30, ce matin-là, c'est un véhicule Uber un peu particulier qui se gare devant le 145 de la rue de Bercy – l'entrée du ministère de l'Économie par laquelle passent les invités d'Emmanuel Macron, nommé un mois plus tôt à ce poste. À l'intérieur du van Mercedes Viano se trouvent quatre figures d'Uber : Pierre-Dimitri Gore-Coty, le directeur Europe de l'Ouest, aujourd'hui chargé d'Uber Eats; Mark MacGann, le lobbyiste en chef pour la zone Europe, Afrique, Moyen-Orient; David Plouffe, l'ancien conseiller de Barack Obama, fraîchement nommé vice-président d'Uber; et le fondateur et P.-D.G. de l'entreprise en personne, Travis Kalanick. Une heure plus tard, l'équipe de lobbying de choc ressort abasourdie du bureau d'Emmanuel Macron. "En un mot : spectaculaire. Du jamais-vu", écrit Mark MacGann dans un bref compte rendu envoyé dans la foulée à ses collègues. "Beaucoup de boulot à venir, mais on va bientôt danser ;)", "Meeting méga top avec Emmanuel Macron ce matin. La France nous aime après tout" », écrira-t-il également.

Nous sommes exactement au lendemain de l'entrée en vigueur de la loi Thévenoud. La mobilisation des taxis contre le géant américain a gagné la bataille : la loi adoptée interdit l'application UberPop, la maraude électronique et durcit les conditions pour devenir chauffeur VTC. Uber a perdu sur toute la ligne ! Seule micro-victoire : le Conseil d'État a annulé la disposition qui imposait initialement un délai de quinze minutes entre la réservation et la prise en charge d'un client par un VTC. Le gouvernement a défendu la profession réglementée des taxis, pour faire cesser l'application illégale UberPop et les très fortes tensions qu'elle avait engendrées. Emmanuel Macron est minoritaire au sein du gouvernement Valls sur sa ligne politique pro-Uber et son modèle.

Que cette première rencontre ait lieu à cette date est donc très significatif. Mais la plateforme ne compte pas s'arrêter là. Cette entrevue marque au contraire un tournant dans son action de lobbying vis-à-vis des pouvoirs publics grâce au soutien de poids qu'est le ministre de l'Économie. Côté politique, qu'Emmanuel Macron accepte cette rencontre à l'insu même du gouvernement et au lendemain de la mise en application de la loi est en soi inouï : quel bras d'honneur à l'arbitrage gouvernemental et au travail parlementaire ! Quel mépris de l'État de droit que de rencontrer la direction d'une entreprise qui s'oppose ouvertement à la loi ! D'autant plus qu'Uber décide de poursuivre pour l'heure le service UberPop malgré sa totale illégalité !

Si le rôle de l'entreprise Google a été déterminant, celui du membre du cabinet du ministre de Bercy, Emmanuel Lacresse, l'a été tout autant. Comme le révèle ce message de Thaima Samman à Mark MacGann, daté du 30 septembre 2014 : « [M. Macron] peut être un très bon porte-parole dans la bataille contre le ministère de l'Intérieur dans le processus réglementaire à venir, lorsque le Premier ministre sera amené à arbitrer, au regard de sa proximité avec [M.] Valls. Comme Jean-François [Guichard] te l'a indiqué, je dîne avec Emmanuel Lacresse ce soir, qui sera sans doute au rendez-vous. Il nous a beaucoup aidés ces dernières semaines. Je peux aussi le briefer pour demain. »

La transcription de la loi en décrets et arrêtés est l'enjeu des échanges ultérieurs entre Travis Kalanick, Emmanuel Macron et leurs deux équipes. En d'autres termes, il ne s'agit pas tant d'obtenir une nouvelle loi que de mener la bataille sur le processus réglementaire qui s'ouvre afin de détricoter la loi Thévenoud dans ses textes d'application.

Comme nous l'ont bien expliqué toutes les organisations représentatives de taxis, l'enjeu pour Uber est de pouvoir recruter un maximum de chauffeurs afin d'inonder le marché et de gagner le monopole face aux taxis. Uber ne peut en effet augmenter sa clientèle que s'il est possible d'obtenir un chauffeur Uber par l'application en très peu de temps. Or, même si la plateforme décide de poursuivre UberPop malgré la loi et les poursuites judiciaires engagées, elle sait pertinemment qu'elle devra, tôt ou tard, l'arrêter. Il est donc primordial pour elle de lever les obstacles à un recrutement plus massif et rapide de chauffeurs. Le service UberPop n'est pas interrompu afin d'avoir une monnaie d'échange pour peser dans les discussions.

L'accord secret révélé par les *Uber Files* entre Emmanuel Macron et Uber va précisément porter sur un engagement de la plateforme à mettre fin à son service illégal UberPop, en échange d'un abaissement drastique des conditions de formation imposées aux chauffeurs VTC : selon un arrêté du 2 février 2016, la formation passe de 250 heures à sept. Uber pourra ainsi espérer recruter de nouveaux chauffeurs en une seule journée…

Le rôle de la commission d'enquête est donc de vérifier ces conclusions du Consortium de journalistes. Elle auditionne les ministres de l'époque concernés – des Transports, de l'Intérieur et le Premier ministre – ainsi que les dirigeants d'Uber.

Nous sommes le 11 mai. Je dois reconnaître que, pour moi, ce n'est pas rien de questionner ces ministres du gouvernement qui ont imposé la loi El Khomri. Je suis élue députée depuis moins d'un an et jouer ce rôle me semble en partie irréel. Les auditions se sont tant enchaînées – notamment dans la grande salle Lamartine de l'Assemblée nationale, qui a des airs de salle de l'ONU – que je ne suis plus impressionnée. Mais je ne sais à quoi m'attendre. Ces anciens dirigeants du Parti socialiste sont ceux qui ont, de fait, lancé Emmanuel Macron – même si leur stratégie les a mis eux-mêmes en échec politique. Ils ne représentent plus que le passé. C'est en soi une sacrée revanche que d'exercer ce rôle dévolu aux parlementaires et qui permet de contrôler l'exercice de l'exécutif. J'ai en mémoire le vacarme des klaxons des « taxis debout » encerclant la place de la République une soirée de « Nuit debout ». Après toutes ces années, moi qui n'ai pas manqué une seule manifestation contre cette loi dite « travail » – et tant d'autres –, je vais les interroger en totale légitimité.

Comme lors de chaque audition, le président Benjamin Haddad introduit les échanges des ministres Bernard Cazeneuve, Alain Vidalies et Manuel Valls qui vont se succéder. Les trois ministres vont pouvoir réactualiser le contexte depuis la position qu'ils occupaient à l'époque.

Bernard Cazeneuve a bien précisé la situation d'alerte maximale vis-à-vis de la menace terroriste. Le pays a été foudroyé par les attentats terroristes islamistes à *Charlie Hebdo*. Ce jour est à jamais gravé dans ma mémoire : lors de la cérémonie des vœux à l'Hôtel de Ville de la maire de Paris, Anne Hidalgo, nous apprenons que de terribles événements viennent d'avoir lieu, j'envoie immédiatement un SMS à Charb pour comprendre ce qui se passe, il ne pourra jamais y répondre. Être ministre, qui plus est ministre de l'Intérieur puis Premier ministre lors de tels événements, bouscule totalement la hiérarchie des priorités politiques, comme l'exprime Bernard Cazeneuve : « En tant que ministre de l'Intérieur, dans une situation de tension extrême où la responsabilité de l'administration à la tête de laquelle j'étais était la protection des Français, je ne pouvais pas me permettre de divertir du front antiterroriste un très grand nombre de forces, qui étaient rares, pour les affecter à d'autres sujets. Je devais le faire si des circonstances m'y obligeaient mais chaque fois que j'avais à le faire, cela posait un problème, une mise sous tension de cette administration déjà très fortement sollicitée.

J'estimais donc à l'époque que mon rôle était de faire en sorte que toutes les crises susceptibles de survenir fussent dénouées avant de survenir, de manière à éviter de mobiliser ces moyens. »

On comprend que, dans un tel contexte, il fallait impérativement mettre un terme aux tensions liées au conflit taxis/VTC – ou taxis/Uber –, limiter au maximum tout ce qui pouvait aggraver les troubles à l'ordre public et mobiliser des agents de police. D'autant plus que, comme le ministre l'a rappelé, la RGPP (Révision générale des politiques publiques) avait réduit fortement les effectifs. Au passage, quelle hypocrisie de la part de l'ancien ministre de l'Intérieur que de le regretter : son gouvernement n'a fait que poursuivre la logique austéritaire engagée sous Nicolas Sarkozy via la MAP (modernisation de l'action publique). Pour lui, était également nécessaire, grâce à des mesures législatives et réglementaires, « une traçabilité de l'action des compagnies de transport afin de vérifier qu'aucun de leurs actes, qu'aucune opacité relative à leur activité n'était de nature à exposer notre pays à un risque face auquel nous mobilisions tous nos moyens ». Il fallait donc impérativement que l'application UberPop s'arrête et que les activités de taxi et de VTC soient plus contrôlées.

Lorsque éclatent les mobilisations de taxis et les contre-mobilisations de VTC, le gouvernement n'a pas de stratégie définie pour y faire face. Comme l'a exposé Thomas Thévenoud : « Quand un gouvernement nomme un député médiateur dans un conflit social, il a généralement une idée derrière la tête. Cette fois, ce n'était pas le cas : le gouvernement n'avait aucune idée de l'issue que prendraient les événements. À ce moment-là, le président de la République se trouvait en Californie pour rencontrer Mark Zuckerberg et Travis Kalanick, et l'Élysée s'inquiétait avant tout de son retour, puisque les aéroports d'Orly et de Roissy ainsi que le périphérique étaient bloqués par les taxis. Le gouvernement s'était fourvoyé dans deux options, consécutivement rejetées par le Conseil d'État et l'Autorité de la concurrence : l'instauration d'un prix minimum pour les VTC puis l'adoption d'un délai de quinze minutes au minimum pour les courses VTC. Quand j'ai demandé à Christophe Chantepy [directeur de cabinet du Premier ministre] quelle option envisageait le gouvernement, il m'a répondu que tout était possible, y compris la fin des taxis et le rachat des licences par l'État, ce qui revenait à 3,5 milliards d'euros à l'époque. Le gouvernement n'avait aucune ligne de conduite : on m'a conseillé de recevoir tous les acteurs pour définir une solution. »

Le décor est planté : la préoccupation numéro un du gouvernement est le maintien de l'ordre face à la pression terroriste, et il n'a aucune stratégie préalable. Le Premier ministre Manuel Valls est également ancien ministre de l'Intérieur et partage donc l'attachement à la réglementation du secteur T3P. Alain Vidalies, du fait de ses orientations plus à gauche que les deux autres, est encore plus farouchement opposé au modèle Uber pour ses conséquences en matière de contournement du Code du travail. Il est néanmoins plus éloigné des problématiques du T3P car jusqu'à peu ce secteur n'était pas dans son portefeuille ministériel.

Alors, y a-t-il eu un deal entre les dirigeants d'Uber et Emmanuel Macron ? Les trois ministres vont le nier à leur façon.

Cazeneuve le réfute catégoriquement. Selon lui, il n'y a pas eu de deal : « Y a-t-il eu, à un moment donné, en interministériel, de la part du gouvernement, l'évocation d'un deal ? Je pense que vous entendrez d'autres membres du gouvernement mais, à ma connaissance, jamais ! Jamais dans mes conversations avec le Premier ministre, le ministre de l'Économie et des Finances ou le ministre des Transports n'a été évoqué un deal de cette nature. J'en aurais refusé jusqu'au principe, cela était hors de question. Pourquoi, malgré tout, évoque-t-on un deal alors qu'il n'y en a pas eu ? Je sais qu'il n'y en a pas eu car il ne pouvait y en avoir sans le ministère de l'Intérieur. Des discussions ont sans doute eu lieu entre le ministre de l'Économie et des Finances et les représentants de la nouvelle économie. J'en ai eu aussi et elles n'ont pas été aimables ni nombreuses : une par téléphone et la deuxième dans mon bureau, en juin 2015. Les choses ne se sont pas bien passées et ont été dites de manière extrêmement ferme, puisque je leur ai demandé d'arrêter les activités illégales, sans aucune contrepartie – car il n'y en a aucune à donner pour l'arrêt d'activités illégales. Ce serait renoncer à l'État de droit. Les choses ont été actées puisqu'ils ont cessé leurs activités. Il n'y a donc eu sur ce sujet aucune contrepartie à ce qui relevait simplement de l'application de la loi. S'il y avait eu une contrepartie, cela aurait été bien plus grave que le deal lui-même. De mon point de vue, cela aurait voulu dire de manière inacceptable que, face à des gens en contravention avec le droit et qui, parce qu'ils étaient financièrement puissants, voulaient faire mettre ce droit en conformité avec leurs intérêts, nous aurions fait un deal pour bien leur montrer que nous sommes faibles. Si les choses fonctionnent ainsi, il n'y a plus d'État de droit. Pour moi, ce n'était pas concevable. »

L'ancien Premier ministre est tout aussi catégorique : « Vous avez fait allusion à un deal ; j'ai également lu des déclarations à ce sujet. Je n'ai jamais eu connaissance d'un tel deal, en 2015 ; si cela avait été le cas, je ne l'aurais pas accepté. Il faut se souvenir que les atteintes à l'ordre public, les agressions physiques dans plusieurs villes – à Paris, à Lyon, à Marseille… – étaient nombreuses, graves et intolérables. »

Pour l'ancien ministre Alain Vidalies, les propos sont plus mesurés : « Je ne dis pas qu'il n'y a pas eu un deal entre Emmanuel Macron et Uber. En revanche, un tel deal n'est pas intervenu entre le gouvernement et Uber. Je n'ai eu aucun contact avec Emmanuel Macron sur la question de la formation ni non plus personne de mon cabinet, à ma connaissance. Lorsque le dossier m'a été transféré, nous avons été particulièrement attentifs au contenu de l'examen, dont l'encadrement est resté au niveau des administrations et de mon ministère. Je n'ai eu aucun contact avec Uber, ni avec Emmanuel Macron à ce sujet. »

Néanmoins, l'ex-ministre des Transports avait bien conscience du lobbying permanent de la plateforme américaine : « Je savais qu'il y avait une initiative d'Uber derrière [au sujet des amendements dont on parlera d'ici peu] et j'ai toujours été en première ligne pour les faire retoquer mais les textes de ces amendements étaient ensuite repris dans des arrêtés, des décrets, voire en essayant d'influencer des services administratifs. Donc c'était un combat pratiquement de tous les jours qu'Emmanuel Macron a mené. »

Lors de l'audition des dirigeants d'Uber, sans réelle surprise, l'existence d'un accord est également totalement niée. Pierre-Dimitri Gore-Coty a ainsi déclaré : « Il apparaît donc clairement qu'il n'y a pas eu de deal, quel qu'il soit, et que les résultats espérés par Uber, au vu des messages et des positions que l'entreprise défendait sur l'accès à la profession, n'ont certainement pas été au rendez-vous. Les propos tenus par Mark MacGann ou d'autres personnes leur appartiennent. Les messages de M. Kopp résument assez bien le fait que, à l'époque, la société a agi vite, sans doute trop vite. Nous ne contestons pas les erreurs qui ont été faites, mais nous estimons qu'elles sont derrière nous. Comme l'a dit Dara Khosrowshahi [P.-D.G. d'Uber Monde], la société a fondamentalement changé, dans tous les aspects possibles. »

Andrew Byrne, autre dirigeant d'Uber, va même réinterpréter les propos du lanceur d'alerte Mark MacGann pour nier l'existence de tout deal : « C'était principalement Mark MacGann qui assumait la responsabilité du lobbying à cette époque. Il a affirmé très clairement, me semble-t-il, lors de son audition, qu'il n'y a pas eu de deal avec M. Macron. Je ne puis que réaffirmer le fait qu'Uber n'a pas été favorisé par le cadre réglementaire en France, à quelque égard que ce soit. »

Quelle aubaine pour le président de la commission ! Benjamin Haddad va s'appuyer sur ces déclarations des ministres, des dirigeants d'Uber et ne prendre qu'une partie des propos de Mark MacGann pour assurer la défense d'Emmanuel Macron et de son équipe. Les ministres de l'époque nient le deal, les dirigeants d'Uber nient le deal, le lanceur d'alerte nie le deal, le deal n'a donc pas eu lieu. L'arrêté du 2 février 2016, cosigné par le ministre de l'Économie, de l'Industrie et du Numérique, par le ministre de l'Intérieur et par le ministre des Transports, n'est que le résultat d'un travail interministériel, validé collectivement et arbitré par le Premier ministre. Fin du *game*.

Le journal *Libération* du 23 mai 2023 titre : « *Uber Files* : la macronie ravie d'avoir débunké le “complot” Uber-Macron ». Les propos de Benjamin Haddad y sont cités : « Même les opposants du président ont dégonflé le côté complotiste de la polémique sur les *Uber Files*. » Les « opposants » du président de la République ? Franchement, entre un Bernard Cazeneuve qui a choisi d'être d'abord un opposant de la NUPES et un Manuel Valls toujours disponible pour un poste ministériel, on repassera ! Mais qu'importe. Lors de sa conférence de presse après la parution du rapport, le président de la commission lance l'artillerie lourde. Une charge violente, traitant ledit rapport de complotiste – et moi avec. Le site MoneyVox, dans un article du 18 juillet 2023, titre à son tour : « La majorité dénonce un rapport “complotiste” ». Euractiv également : « “Deal secret” contre “complotisme” : deux lectures antagonistes du rapport *Uber Files* ».

L'enquête n'a pas été bouclée au lendemain des auditions des ministres et de la direction d'Uber. Mark MacGann est en colère contre Benjamin Haddad et m'envoie des SMS me l'exprimant. À la relecture de son audition, il est évident que ses propos sont plus que déformés par la macronie. Il ne nie aucunement l'existence d'un deal mais n'en apprécie pas le terme : « Nous avons retiré UberPop du marché à la fois sous la pression de Bernard Cazeneuve mais aussi parce que le ministre de l'Économie nous avait fait comprendre – on parle de “deal” mais je n'aime pas ce mot – que si nous mettions fin à ce service illégal, il nous obtiendrait le type de formation minimale que nous souhaitions dans ses discussions interministérielles avec Bercy et Matignon. » Il prend donc ses distances avec le terme « deal », non pour nier son existence, mais pour en préciser le sens : « Je n'aime pas le mot "deal" parce qu'il peut donner l'impression au citoyen qu'une valise de billets circule. Ce n'était pas le cas. C'était un accord politique qui n'avait rien d'inacceptable : "Vous arrêtez un service qui nous met à dos toute la France" – sauf les consommateurs et les chauffeurs UberPop –, "et ensuite on pourra dialoguer." Emmanuel Macron a obtenu de Manuel Valls et de Bernard Cazeneuve une réforme intelligente : elle ne nous accordait pas tout ce que nous voulions mais beaucoup plus que nous n'aurions obtenu sans lui. »

Le 16 mai 2023, nous recevons enfin de Mark MacGann une première partie des données brutes des *Uber Files*. Nous passons alors des heures, des jours et de longues soirées à les éplucher, les administrateurs de leur côté, mes collaborateurs et moi-même du nôtre, pour ensuite ensemble reconstituer l'histoire à partir de tous les messages internes. La relecture de tous les échanges, replacés dans leur chronologie, démontre de manière édifiante une grande opération de manipulation orchestrée avec la complicité d'Emmanuel Macron.

Après les messages internes de grande satisfaction de la première rencontre du 1er octobre 2014 à Bercy, le ministre de l'Économie va de nouveau accueillir – toujours à Bercy –Travis Kalanick, le 20 janvier 2015. Le contenu des échanges de cette réunion est ainsi résumé par Mark MacGann : « La discussion s'est concentrée sur la déréglementation des VTC, c'est-à-dire sur l'abaissement des barrières à l'entrée qui contraignent l'offre (250 heures de formation, entre 4 000 et 6 000 euros pour une licence). Il veut qu'on l'aide en communiquant clairement et agressivement pour dire que les VTC sont l'avenir dans ce domaine. Une licence VTC "light" permettrait de vraies créations d'emploi et des opportunités économiques. La fenêtre pour une campagne de communication claire se situe durant les quatre prochaines semaines, quand les médias seront centrés sur lui et sa loi de libéralisation. Son but n'est pas de mettre quelque chose dans la loi ; cela ne marche pas pour tout un tas de raisons. Son but est de montrer que donner la possibilité à des gens de devenir des chauffeurs VTC est positif en termes d'emploi et de mobilité. Une fois que ce message sera clair dans l'opinion publique, cela renforcera ses marges de manœuvre pour négocier un décret qui modifie les contraintes mentionnées ci-dessus. »

Le ministre de l'Économie encourage donc l'entreprise dans son lobbying agressif ! Un « plan » est carrément co-élaboré avec le ministre de Bercy, découlant d'une stratégie décrite par Thibaud Simphal : « Nous nous sommes mis d'accord [avec Emmanuel Macron et Julie Bonamy, membre de son cabinet] sur un process en deux temps : 1. Avant [demain soir], proposer, via un député qui nous est favorable (idéalement de la majorité – difficile), un ou plusieurs amendements au projet de loi Macron afin de modifier la réglementation actuelle en matière de licence VTC (en particulier en ce qui concerne la formation des chauffeurs), dans l'esprit de l'item 2 ci-dessous et dans la mesure où cela peut être fait dans la loi. L'idée est d'essayer d'inscrire les principes listés ci-dessous dans un texte tant que nous avons une fenêtre ; les chances d'y parvenir sont faibles, mais nous devons essayer. 2. Dans les quatre prochaines semaines [c'est-à-dire pendant que Macron défend sa loi de libéralisation], mener, avec Macron et Uber en parallèle, une campagne de communication puissante, afin de faire accepter l'idée qu'une licence VTC "*light*" serait une solution pour l'emploi et la mobilité (cela a été accepté cette nuit). Ensuite, se servir de cet élan pour faire passer un décret qui permette d'éliminer ou de réduire significativement les conditions requises pour être VTC. »

Et d'énumérer, entre autres choses, la nécessité de « transformer les 250 heures de formation et l'examen existant en un simple examen [...] portant sur des choses qui font sens ».

À peine deux jours plus tard, le 22 janvier, M. Luc Belot, député de la majorité, est approché et décrit comme susceptible d'accepter de déposer des amendements favorables aux VTC sur le projet de loi Macron. Thibault Simphal lui envoie les amendements rédigés par Uber : « Un appel très utile en ce moment avec Luc Belot, député socialiste (parti au pouvoir), partisan des VTC et promoteur d'Uber – il a fait référence à Macron à plusieurs reprises et très indirectement à notre réunion d'hier soir. Il veut des progrès sur les VTC, on aurait vraiment dit qu'il avait reçu un appel de Julie Bonamy ou de Macron lui-même étant donné le niveau de détail et d'intention. »

Luc Belot va déposer quatre des amendements proposés par Uber, à la plus grande satisfaction des lobbyistes et dirigeants d'Uber. Ainsi, Clémence Arto, du cabinet Fipra, s'exprime : « C'est quand même une excellente nouvelle. On a trois amendements déposés par un député socialiste qui portent sur des éléments clés du régime, et il a notamment gardé l'amendement sur les gares et aéroports. [...]

Cela permet, comme c'était le but, d'amorcer un débat sur un régime VTC assoupli. »

Nous avons réécouté les échanges en séance lors du débat sur le « projet de loi Macron ». Le plan se déroule sans accroc ! Si un amendement est déclaré irrecevable, les trois autres amendements déposés par Luc Belot sont défendus. Si Emmanuel Macron émet un avis défavorable sur chaque amendement, ils lui donnent bien l'occasion d'exprimer son total accord avec les positions défendues par les plateformes et de distiller de premières annonces sur l'évolution future de la réglementation : « Je serai défavorable aux amendements qui suivront, non par absence de sympathie intellectuelle mais par une forme de pragmatisme de court terme », ou encore : « Je pourrais faire mien l'exposé sommaire de votre amendement car un véritable bon sens y est sous-jacent. Je suis d'accord avec ce que vous proposez, mais c'est de niveau réglementaire. Un arrêté, dont la publication est imminente, prévoit une telle mesure. Vous avez l'engagement du gouvernement sur ce point et votre amendement sera satisfait. Je vous invite donc à retirer l'amendement. À défaut, l'avis serait défavorable. »

On comprend que l'objectif des amendements déposés n'était pas tant qu'ils soient adoptés mais de créer une ambiance favorable à Uber dans l'opinion publique et de préparer le terrain dans la majorité et l'interministériel du futur arrêté sur la formation, qui est l'enjeu central du moment pour la plateforme.

Pendant le travail de négociation interministériel sur les arrêtés découlant de la loi Thévenoud, le conflit entre les taxis et les VTC s'intensifie – avec ses tensions, ses violences – et se focalise sur UberPop, service illégal mais que l'entreprise Uber a décidé de poursuivre. Comme je le précise dans le rapport : « Le 23 juin 2015, Uber est officiellement sommé par le ministre de l'Intérieur de mettre fin au service UberPop. Le 3 juillet 2015, M. Travis Kalanick envoie un SMS à M. Emmanuel Macron : "Pouvons-nous faire confiance à Caz [M. Cazeneuve] ?" Et là, le ministre de l'Économie Emmanuel Macron a cette réponse sans équivoque : "Nous avons eu une réunion hier avec le Premier ministre. [M.] Cazeneuve va calmer les taxis et je vais réunir tout le monde la semaine prochaine pour préparer la réforme et corriger la loi. [M.] Cazeneuve a accepté le deal." »

C'est ce même jour, le 3 juillet, qu'Uber arrête définitivement le service UberPop, sans attendre les recours juridiques engagés. C'est Emmanuel Macron lui-même qui utilise ce mot de *deal*. Quelques jours plus tard, le terme est de nouveau employé par Mark MacGann dans un échange interne entre dirigeants d'Uber, à l'occasion d'un contrôle de ce qui semble être la DGFIP (Direction générale des finances publiques) dans les locaux de la société. Le lanceur d'alerte se demande si le « deal » va encore tenir longtemps : « La police financière est dans nos bureaux de Paris (vingt agents) ; ils veulent des renseignements sur nos chauffeurs partenaires. Il semble qu'ils appliquent une décision de justice. Uber BV serait la cible. J'ai informé le directeur de cabinet de [M. Macron] qu'il ne nous semble pas que le "deal" puisse tenir encore très longtemps. »

Dès la première réunion de travail avec Benjamin Haddad, j'avais exprimé la nécessité de pouvoir auditionner les députés ayant porté des amendements écrits clés en main par Uber, l'ex-président de la République François Hollande ainsi que les membres du cabinet d'Emmanuel Macron de l'époque – au moins Alexis Kohler, l'ex-directeur de cabinet et Emmanuel Lacresse, surtout, le collaborateur dont le nom revient si souvent et qui s'est avéré jouer un rôle déterminant (Laurent Grandguillaume, lors de son audition par la commission d'enquête, a même affirmé qu'Emmanuel Lacresse « a eu tendance à se comporter comme le directeur des relations publiques d'Uber »).

Le président de la commission n'a cessé de s'y opposer. Lors d'une réunion du bureau, il a même tenté de passer au vote, se sachant majoritaire dans cette instance. Son argument principal était de dire qu'Emmanuel Lacresse étant dorénavant député, on ne pouvait l'auditionner. La veille, la commission d'enquête parlementaire sur l'ingérence avait pourtant auditionné la députée Marine Le Pen ! Avec ma collègue Sophie Taillé-Polian, députée Génération.s et membre du groupe Écologiste-NUPES, nous avons réussi à convaincre le bureau de reporter la décision à une date ultérieure. Lors de plusieurs séances d'auditions, j'avais réaffirmé cette nécessité. Puisqu'on ne peut pas, du fait même de la Constitution, auditionner l'actuel président de la République, la commission parlementaire devait pouvoir auditionner son équipe, qui était tant impliquée dans les échanges avec la plateforme ! J'ai demandé aux dirigeants d'Uber, quand ils ont été auditionnés, de nous donner le nom des membres du cabinet d'Emmanuel Macron avec lesquels ils étaient en contact durant cette période. Benjamin Haddad s'est empressé d'ajouter, avant qu'ils ne me répondent : « Afin que la première question de la rapporteure ne fasse pas polémique, je vous demanderai de nous donner les noms de tous les ministres et secrétaires d'État, ainsi que ceux des membres de leurs cabinets, avec lesquels vous étiez en contact à cette époque. » Andrew Byrne a ainsi répondu : « Malheureusement, je ne puis vous donner ces noms dans l'immédiat car je ne les ai pas ici, mais en Californie. Nous vous répondrons donc par écrit. » Je n'ai jamais reçu de réponse écrite à cette question. M'en doutant lors de l'audition, j'ai réitéré ma question à Pierre-Dimitri Gore-Coty : « Je vous pose à nouveau la question, puisque vous étiez en fonction durant cette période : les dirigeants d'Uber entretenaient-ils plus particulièrement des contacts, pour s'adresser à M. Macron, avec M. Kohler, M. Lacresse, Mme Bonamy ou d'autres personnes ? Ma question est précise et j'attends des réponses tout aussi précises. » Pierre-Dimitri Gore-Coty m'a certes répondu, mais en restant hypocritement vague afin que, parmi ces différents noms, aucun ancien collaborateur ne soit plus ciblé qu'un autre, affirmant ne pas se souvenir précisément des protagonistes de l'époque : « Je vous dirai ce dont je me souviens, sachant que les faits se sont produits il y a près de dix ans. Je prends très au sérieux mon audition devant votre commission d'enquête. J'ai d'ailleurs prêté le serment de vous dire toute la vérité. C'est pour cette raison que je n'ai aucune envie de vous livrer une information incorrecte ou incomplète. Bien évidemment, je me ferai un plaisir de fouiller dans mes archives pour vous apporter des réponses plus précises. Je me souviens avoir participé à deux ou trois rendez-vous avec Emmanuel Macron lorsqu'il était ministre de l'Économie, de l'Industrie et du Numérique. Je me souviens également avoir rencontré

Julie Bonamy. Je pense avoir rencontré Alexis Kohler, beaucoup plus tard, dans le cadre de l'initiative Tech for Good, dans laquelle Uber joue un rôle pour le futur du travail, en partenariat avec la RATP. Enfin, il me semble avoir rencontré M. Lacresse à l'époque. Les noms que vous avez cités me sont, en tout cas, familiers, et je pense avoir participé à des rendez-vous où ces personnes se trouvaient. Je ne pourrais pas le certifier immédiatement et je ne saurais vous dire à combien de reprises nous nous serions rencontrés mais, je vous le redis, je m'engage à chercher ces informations dans mes archives et à vous les transmettre. »

Ces informations ne seront pas transmises.

Lors d'une réunion du bureau de la commission d'enquête, le 25 mai, le président Haddad fait voter la fin des auditions… Terminé. Il s'évite ainsi d'avoir à voter « contre » l'audition de ses amis. On peut dire qu'il a bien tenu son rôle : celui de défendre les siens et le président de la République à tout prix !

Nous avons néanmoins pu convoquer Luc Bélot, qui n'était plus député. Son audition montre que, *a priori*, il n'a pas conscience du deal – et de la stratégie qui le sous-tend – organisé entre le cabinet d'Emmanuel Macron et les dirigeants d'Uber. Il a notamment pu déclarer : « En tant que parlementaire, je déposais des amendements en espérant qu'ils soient adoptés. Mes amendements, par ailleurs, ne portaient pas sur le sujet de la formation. […] Je n'ai pas participé aux discussions entre Uber et le ministère : il me semble qu'Adrien Sénécat l'a confirmé lors de son audition. Si un deal a été conclu, je n'y étais pas associé et n'en étais pas à l'origine. »

Il était « juste » convaincu par Uber et son modèle et déterminé à le défendre, quand bien même l'entreprise ne cessait de violer la loi et de bafouer l'État de droit.

Il est tout à fait probable que les ministres de l'époque, Alain Vidalies, Bernard Cazeneuve et Manuel Valls n'avaient pas conscience non plus de l'existence d'un deal. Lors de son audition, Alain Vidalies a d'ailleurs déclaré au sujet d'Emmanuel Macron : « Je savais qu'il était favorable à Uber, ça correspondait à son état d'esprit, à sa défense de la start-up nation. J'avoue que j'ignorais que ça avait l'ampleur révélée aujourd'hui. Que ça se traduise par ce lobbying ou par un mouvement permanent d'influence institutionnelle au service d'une entreprise internationale qui a comme principale règle de n'en respecter aucune, je dois dire que, même moi, je tombe des nues. »

L'implication du ministre de l'Intérieur à ce moment précis semble limitée, comme en témoigne ce SMS d'Alexandre Quintard Kaigre à Mark MacGann, en date du 26 juin 2015, qui propose de contacter le cabinet du ministre de l'Intérieur en vue de proposer l'arrêt d'UberPop en contrepartie d'une révision de la réglementation sur les VTC : « Ne penses-tu pas qu'il serait efficace que tu envoies un SMS à Cazeneuve pour lui dire que Uber France est prêt à bouger sur Pop pour apaiser et donner une voie de sortie au gouvernement ? La contrepartie : révision de la réglementation VTC. J'ai écrit un SMS au chef de cabinet de [M.] Cazeneuve pour lui dire que l'on était à la dispo du ministre. Pas encore eu de réponse. Je te tiens au courant dès que j'ai une réponse. » Mark MacGann lui répond alors : « Pas le genre de message à envoyer sans avoir un dialogue, et nous n'avons pas de dialogue encore avec Beauvau. »

Le plan se déroule néanmoins comme prévu. Quand la direction d'Uber prend connaissance du projet d'arrêté – projet qui lui a donc été transmis – sur les conditions de formation et d'examen imposées aux chauffeurs de VTC, le 11 janvier 2016, sa réaction se passe de commentaires. Alexandre Quintard Kaigre déclare par SMS : « À première vue, cet arrêté va exactement dans le sens que nous poussons depuis plusieurs mois. » Thibaud Simphal lui répond : « *Wow, this is a massive achievement!* On ne va pas faire la fine bouche. *Well done, Alex, well done, team, for the resilience, the persistence, the super hard work* ("depuis plusieurs mois" – depuis un an et demi tu veux dire ! Première rencontre TK Macron sept. 2014 ! Mais clairement depuis juin on a pesé très lourd). » (Traduction : « Quel immense succès ! Bravo à l'équipe pour la résilience, la persévérance et son travail acharné. »)

L'arrêté n'est pas encore publié et les négociations et les pressions vont se poursuivre. Les dirigeants d'Uber apprennent en effet que le texte entend limiter le nombre de sessions d'examen organisées par an. Ils organisent alors un intense lobbying pour s'y opposer. D'autres plateformes comme Chauffeur privé, Le Cab, Heetch, SnapCar sont sollicitées, comme je l'écris dans le rapport, « pour organiser un lobbying concerté » contre « la mort assurée du secteur VTC », en les incitant à écrire aux cabinets des ministres de l'Économie et des Transports. Cela transparaît dans un mail de M. Alexandre Quintard Kaigre, envoyé le 12 janvier 2016 : « Je viens d'avoir la confirmation que le cabinet du Premier ministre va introduire dans l'arrêté examen une demande venant des organisations professionnelles : une limitation du nombre de sessions d'examen sur un an. Pour Uber, nous y sommes fortement défavorables et cela reviendrait à casser tout le potentiel de l'arrêté dans sa rédaction actuelle : les centres de formation n'auront pas l'argent pour louer de grands centres d'examen (Villepinte et autres) donc on sera sur une échelle de 80 personnes par session ; c'est la mort assurée du secteur VTC et du développement de l'offre de chauffeur ; le gouvernement veut aussi accélérer les contrôles sur les LOTI voire prendre des actes juridiques nous interdisant le recours aux capacitaires. 1/ Partagez-vous notre analyse et nos préoccupations ? 2/ Dans l'affirmative, seriez-vous prêts à re-signer un courrier commun adressé au PM avec cette fois une fuite dans la presse et une prise de parole publique ? 3/ D'autres actions de lobbying sont possibles. »

La pression des lobbyistes d'Uber s'intensifie auprès du cabinet d'Emmanuel Macron et Mark MacGann argumente ainsi auprès d'Emmanuel Lacresse, directeur adjoint de cabinet du ministre de l'Économie : « Je souhaite attirer votre attention sur l'intention de Matignon (nous dit-on) d'introduire une limitation du nombre de sessions d'examen dans une année calendaire (éventuellement autour de quatre à cinq sessions par an et par centre). Nous estimons que cela reviendrait à casser l'équilibre de l'arrêté dans sa version actuelle, car il s'agirait d'une nouvelle barrière à l'entrée sur le marché VTC. Cela viderait la réforme de tout son sens. Une telle mesure empêcherait les milliers de postulants au métier de chauffeur VTC de réaliser leur ambition, et renforcerait la discrimination de l'accès à l'emploi pour un segment important de la population, puisque les centres de formation n'auraient tout simplement pas les moyens d'assurer l'infrastructure nécessaire à garantir un accès équitable aux examens, et donc à l'emploi. »

Alexandre Quintard Kaigre écrit aussi à Lacresse et à Chantrel en ces termes : « En conclusion, un arbitrage du gouvernement pour la limitation du nombre de sessions d'examen par an, en plus de n'avoir comme seule justification que de brider la croissance des VTC, serait très fortement défavorable au secteur de la mobilité partagée. »

Un SMS d'Alexandre Quintard Kaigre à Mark MacGann et Thibaud Simphal, daté du 13 juillet 2015, témoigne que cette stratégie concertée avec d'autres plateformes avait déjà été organisée : « Mark, Thibaud, je viens d'avoir Lacresse à l'instant au téléphone. Macron souhaite avancer. Lacresse veut monter une réunion mercredi en fin d'après-midi. J'ai insisté pour que ce soit en fin de journée afin que l'on ait le temps d'avoir notre réunion collective à 12 heures ce mercredi. Notre front commun (SnapCar, Chauffeur privé, Heetch et Uber – Le Cab étant dans la boucle mais pour l'instant très silencieux) pourrait donc être reçu mercredi et présenter ses propositions pour l'avenir et la croissance du secteur de la mobilité (le document sur lequel nous travaillons). Lacresse me redit que le gouvernement pourra faire passer des mesures pro vtc par la présentation de mesures pro taxi (coexistence des deux). Thibaud et moi pensons que ce point n'a pas été assez bien compris par nos concurrents, malgré les multiples alertes que TS et moi avons faites depuis 6 jours. Pas d'inquiétude pour autant, ils vont juste l'entendre de la bouche de Lacresse. Ce dernier a identifié que Cardoso (Le Cab) avait visiblement un problème avec Uber mais que ça allait se résorber quand il verra que le cab Macron est à la manœuvre. Je continue à mettre la pression à nos amis du front commun. À disposition maintenant pour échange tel si nécessaire. »

Le 13 janvier 2016 signe une grande victoire pour Uber puisque la limitation des sessions d'examen est finalement retirée. Thibaud Simphal s'en félicite ainsi : « Beau travail à toute l'équipe pour l'énorme effort collectif fourni en 24 heures ! » Pierre-Dimitri Gore-Coty renchérit : « Beau travail tout le monde. »

C'est le 2 février 2016 que l'arrêté est définitivement publié. Uber a gagné la bataille. Sa stratégie, le deal caché et scellé avec le ministre de l'Économie, adossé à une grande opération de manipulation liant lobbying agressif, amendements clés en main, le tout à l'insu des autres membres du gouvernement, a porté ses fruits. Les conditions de formation et d'examen imposées aux chauffeurs de VTC sont très fortement allégées, passant de deux cent cinquante à sept heures, avec sessions illimitées. Uber, la plateforme illégale, a bien défendu ses intérêts et ceux de toutes les plateformes de l'ubérisation.

Malgré ces échanges qui confirment l'existence du deal, Benjamin Haddad s'obstine à le nier. Dans son avant-propos, il écrit ainsi : « Les travaux de notre commission montrent que les dirigeants d'Uber, et M. Mark MacGann en particulier, se sont fourvoyés, quant à l'existence d'un "deal" avec le ministre Emmanuel Macron et sa contrepartie, qui aurait consisté à abaisser les contraintes de formation pesant sur les chauffeurs VTC. L'enthousiasme de certains SMS échangés entre cadres de l'entreprise serait dû à des enjeux politiques internes à Uber et à la volonté d'exagérer les succès du bureau de Paris aux yeux de San Francisco, plutôt qu'à une représentation fidèle des interactions avec les pouvoirs publics. » Comment arrive-t-il à cette interprétation ? Tout simplement en prenant pour argent comptant les déclarations de Grégoire Kopp, ancien collaborateur du ministre des Transports Alain Vidalies, qui avait rejoint Uber. Il nous a expliqué que les dirigeants de l'entreprise étaient très jeunes, s'enthousiasmaient de pas grand-chose et « faisaient des forêts avec des brins d'herbe ». Je l'avais interrogé au sujet du message de Mark MacGann adressé à Emmanuel Lacresse : « Cher Emmanuel, ayant le plaisir de m'adresser à un Français, je crois que les usages m'autorisent à encore vous souhaiter une très bonne année 2016, bien qu'elle soit déjà entamée. Je m'adresse à vous sur le projet d'arrêté relatif à la formation et à l'examen des chauffeurs VTC, dont je me félicite, surtout de l'existence. Cela représente énormément de travail de tous les côtés, y compris et surtout de la part du ministère de l'Économie, et nous en sommes sincèrement reconnaissants. » À la lecture de ces extraits, on comprend qu'ils ont remporté une victoire et ils se le disent entre eux. Mais pour Grégoire Kopp, l'interprétation serait tout autre : « Je comprends que vous le perceviez ainsi. Mais, chez Uber, il existait une valeur principielle qui était d'être "*super pumped*". C'est d'ailleurs le nom du film sur Uber. "*Super pumped*" signifie être super excité, super motivé. Ici, on voit un salarié vanter son travail et son manager l'encourager en lui disant : "C'est bien, continue de cravacher." » Comment le président de la commission d'enquête peut-il faire confiance à ceux qui ont bafoué les lois de la République ?

Qui plus est, le passage de l'ancien collaborateur d'un ministre des Transports à l'entreprise de transport Uber continue de poser question. Un mail de Thomas Meister, alors directeur de la communication d'Uber pour l'Europe de l'Ouest, en février 2015, nous donne une information calendaire importante : « J'ai déjeuné avec Grégoire Kopp, conseiller à la communication d'Alain Vidalies au secrétariat d'État aux Transports. Grégoire a fait partie de mon équipe chez TBWA et il est fondateur du réseau alsacien de Paris : deux raisons de l'estimer. En un mot, toute la sphère institutionnelle est perplexe au sujet d'Uber en particulier et de l'industrie du VTC en général. Autant aux Transports qu'à l'Intérieur, personne n'est armé pour comprendre les enjeux et les défis posés par la mobilité à un point que nous n'imaginons même pas. Le sujet est de plus considéré comme politiquement miné, avec que des coups à prendre. L'illusion taxi = prescripteur d'opinion reste bien ancrée. Tout le monde sait bien par ailleurs que la loi Thévenoud est une mauvaise loi, inapplicable en l'état et dépassée de toute part par la pratique. D'où l'embarras et la patate chaude. L'Intérieur ne veut pas se saisir du sujet, les Transports ne savent pas par où le prendre, ça ne va nulle part. Grégoire va insister auprès du ministre pour qu'il se saisisse du sujet d'abord, qu'il nous reçoive de manière informelle ensuite. Dans ce cas-là, la priorité sera de répondre à toutes les questions du droit du travail posées par Uber puisque c'est la spécialité du ministre. Le tout plaide pour qu'après le jugement du 23 nous sortions du bois avec un *push* un tant soit peu agressif, ne serait-ce que pour prendre acte et manifester notre existence. »

Grégoire Kopp rejoint officiellement Uber en juin 2015 mais on découvre, grâce à ce mail, qu'il est en lien dès février avec les dirigeants de l'entreprise. Même si nous n'avons aucun élément permettant de savoir s'il a accédé à la demande de Thomas Meister – à savoir insister auprès de son ministre pour qu'il se saisisse du sujet –, ses liens avec l'entreprise ne se limitent pas au récit que lui-même a pu en faire lors de son audition : « Mon ancien supérieur au sein de l'agence de communication dans laquelle j'ai travaillé pendant quatre mois a pris le poste nouvellement créé de directeur de la communication d'Uber pour l'Europe de l'Ouest. Nous nous entendions bien, avions travaillé ensemble et il connaissait ma conviction de lutter contre les monopoles et de casser les rentes, qui m'avait déjà amené à travailler chez UFC-Que Choisir. Sa mission était de structurer une équipe et de recruter assez urgemment un directeur de communication pour la France. Après quelques semaines de réflexion, il m'a semblé intéressant d'entrer dans le processus de recrutement, en voyant de l'intérieur la manière dont ces entreprises américaines recrutaient. Je n'étais pas spécialement convaincu de l'ensemble des mérites d'Uber, même s'il fallait "disrupter" le marché. Ce *process* de recrutement était d'ailleurs particulièrement difficile et sélectif. J'ai finalement rejoint Uber en juin 2015, après avoir saisi la Commission de déontologie, qui a rendu un avis favorable, comme vous avez pu le voir dans les documents que je vous ai transmis. »

Aussi, comment le président de la commission d'enquête peut-il donner du crédit aux dirigeants d'Uber de l'époque alors même que leurs omissions sont si flagrantes ? J'ai interrogé, lors de son audition, Pierre-Dimitri Gore-Coty sur l'usage du logiciel enclenchant le *kill switch* : « Le 2 avril 2015, est-ce vous qui avez déclenché le *kill switch* – en précisant *asap* ? Si ce n'est pas vous, qui est-ce ? » Alors même que l'usage du *kill switch* est au cœur du scandale *Uber Files*, témoignant des pratiques illégales de l'entreprise pour se soustraire aux opérations de contrôle, voici la réponse indigente qu'il me fait : « Je n'en ai pas le souvenir exact. Je peux simplement vous dire qu'une telle initiative n'aurait jamais dû être prise et que ces logiciels n'auraient jamais dû être utilisés à cette fin, y compris en France. »

Il n'y a aucune démarche complotiste à prendre en compte les données *Uber Files*. À moins de considérer les membres du Consortium international de journalistes, représenté en France par *Le Monde* et Radio France comme des complotistes !

Dès la première rencontre de 2014, Emmanuel Macron et son cabinet – avec en premier rôle Emmanuel Lacresse – ont collaboré avec la plateforme, malgré son illégalité. Un échange de mails interne semble indiquer que le ministre de l'Économie se soit engagé auprès de la plateforme à donner des instructions à la DGCCRF, afin qu'elle fasse preuve d'indulgence à son égard. Le 13 novembre 2014, alors que Zac de Kievit indique l'intervention de la DGCCRF dans les bureaux de l'entreprise à Lyon, Mark MacGann lui répond : « Pour notre liste avec Lacresse. Macron a donné instruction à son cabinet de discuter avec la DGCCRF afin qu'ils soient "moins conservateurs dans leur approche". » Hélas, nous ne pourrons interroger ni le président de la République ni son cabinet ; et la directrice de la DGCCRF a nié avoir reçu quelque consigne que ce soit en ce sens… Le fait est que les contrôles de la DGCCRF n'ont pas été effectués avec tous les pouvoirs que l'administration peut engager… Négligence volontaire ou non ?

Tout aussi grave que l'affaire du deal, la commission va enquêter sur l'affaire des Bouches-du-Rhône. Emmanuel Macron s'engage à intervenir personnellement à la demande de Travis Kalanick qui se plaint d'un arrêté pris par le préfet de police des Bouches-du-Rhône, M. Laurent Nuñez.

Alors que les mobilisations des taxis de Marseille contre la prolifération des VTC sont à leur apogée, un arrêté est pris par la préfecture de Police le 20 octobre 2015, interdisant le service Uber X dans le centre-ville de Marseille, sur l'aéroport de Marseille-Provence et la gare SNCF d'Aix-en-Provence-TGV. Comme UberPop, ce service visait à permettre à n'importe qui de faire du transport de personnes de manière lucrative, sous couvert de covoiturage. Comme UberPop, ce service était considéré comme illégal par la « loi Thévenoud ».

Les *Uber Files* nous donnent accès à un échange direct par SMS entre Mark MacGann et Emmanuel Macron : « Monsieur le ministre, nous sommes consternés par l'arrêté préfectoral à Marseille interdisant Uber X, service VTC. Nous avons appris cela par l'AFP et avons informé votre cabinet. Pourriez-vous demander à votre cabinet de nous aider à comprendre ce qui se passe ? » La réponse d'Emmanuel Macron est plus qu'engageante : « Je vais regarder cela personnellement. Faites-moi passer tous les éléments factuels et nous décidons d'ici ce soir. Restons calmes et à ce stade je vous fais confiance. »

Moins de deux semaines après la publication du premier, un nouvel arrêté est publié pour le remplacer : celui du 3 novembre 2015 n'interdit plus uniquement Uber X dans le centre-ville de Marseille mais « l'activité de transport routier de personnes à titre onéreux exercée à titre illégal dans le département des Bouches-du-Rhône ».

Le retrait de l'ancien arrêté et la publication du nouveau ont-ils été effectués sous la pression d'Uber ? Le ministre de l'Économie est-il directement intervenu tel qu'il s'y est engagé dans son SMS ? La commission d'enquête va auditionner le préfet des Bouches-du-Rhône de l'époque – et actuellement préfet de Paris. Les deux arrêtés semblent par ailleurs aussi inutiles l'un que l'autre : pourquoi publier des textes visant à interdire ce que la loi interdit déjà ?

Le préfet de police Laurent Nuñez a expliqué, lors de son audition, qu'il s'agissait d'une « posture d'affichage [...] pour prévenir des troubles à l'ordre public », conforme aux directives reçues du ministre de l'Intérieur visant à intensifier les contrôles sur les VTC. Lors de l'audition des journalistes français du Consortium, Damien Leloup, journaliste au *Monde*, nous a livré leur analyse : « Cet arrêté n'aurait pas résisté à un recours contentieux. Telle est aussi l'hypothèse avancée par un ancien salarié d'Uber France, avec lequel nous avons longuement discuté. Il explique ce revirement complet par le zèle dont aurait fait preuve un membre du cabinet du préfet de police. À l'examen, les services de la préfecture de Police se seront rendu compte que l'arrêté était excessif dans sa rédaction et sa portée. »

Il a toutefois cru bon d'ajouter que : « Si nous avons rapporté cet épisode, c'est aussi parce qu'il nous semble significatif sous l'angle opposé. Il démontre clairement qu'Uber, peut-être sans jamais parvenir à ses fins, n'hésite pas à solliciter directement des élus et des ministres, y compris en cas de grave difficulté, en espérant réussir à faire bouger les choses. C'est aussi en ce sens que l'imbroglio de l'arrêté marseillais nous semble être une information importante. »

Les dirigeants d'Uber, habitués à une stratégie de lobbying hyper agressif, sont donc suffisamment dans une relation de confiance pour interpeller directement le ministre sur un sujet aussi sensible : leur pratique illégale. La lecture de la réponse par SMS du ministre à la plateforme est encore plus hallucinante. Comment un ministre de la République peut-il répondre de façon aussi directe à une entreprise qui viole la loi ? Et, en plus, s'engager « personnellement » à « décider » alors qu'on lui demande de fait d'agir sur une décision préfectorale qui ne vise que le respect de l'État de droit ? Un ministre de l'Économie n'a pas à interférer sur la décision d'un préfet qui ne dépend que du ministre de l'Intérieur. Enfin, comment un ministre de l'Économie peut-il répondre à un dirigeant d'une entreprise en pleines infractions multiples : « je vous fais confiance » ? La phrase « restons calmes » donne à voir par ailleurs que le ministre s'englobe avec la plateforme dans un même « nous »…

L'audition de Laurent Nuñez va confirmer les premières analyses du Consortium de journalistes : « J'ai été très surpris par l'interprétation de mes deux arrêtés successifs. Les médias présentaient le second arrêté comme un renoncement par rapport au premier arrêté ; or, il n'en est absolument rien. […] [Le premier] arrêté interdisait "l'activité de transport routier à titre onéreux effectuée par des conducteurs ne remplissant pas les conditions réglementaires, organisée par la société Uber France SAS, ou ses intermédiaires, au moyen de l'application pour mobile Uber X" et s'appliquait à quelques arrondissements de Marseille, l'aéroport de Marseille et la gare SNCF d'Aix-en-Provence-TGV. Nous nous sommes aperçus que cet arrêté était sans doute trop limité, que les VTC commettaient d'autres types de fraudes et que certains chauffeurs utilisaient d'autres applications qu'Uber. Nous avons donc décidé de prendre un second arrêté le 3 novembre 2015 – qui ne revenait en rien sur le premier. Au contraire, il embrassait tout le champ du transport de personnes et ne faisait plus seulement référence à l'application Uber X. Il indiquait ainsi : "L'activité de transport routier de personnes à titre onéreux effectué par des conducteurs et/ou sociétés partenaires de la société Uber SAS, ou par tout autre opérateur, dans des conditions ne respectant pas les règles fixées par la législation en vigueur, est interdite dans le département des Bouches-du-Rhône." Cet arrêté était beaucoup plus restrictif. Les responsables d'Uber ont alors demandé un entretien auprès des responsables du département, qui a effectivement eu lieu, en ma présence. Ils n'ont donc pas vu cet arrêté comme étant plus souple. Nous leur avons fermement rappelé la réglementation à l'occasion de ce rendez-vous. »

Lors de son audition, le ministre de l'Intérieur de l'époque, Bernard Cazeneuve, reprend les mêmes explications : « Les SMS qu'Emmanuel Macron envoyait à d'autres étaient reçus par ces derniers, et en aucun cas par moi. Je n'en savais rien. Ai-je eu un contact avec Emmanuel Macron au sujet de cet arrêté ? Absolument pas. Je n'avais pas à en avoir. D'ailleurs, s'il m'avait contacté sur cet arrêté au motif qu'Uber ceci ou cela, en dépit de tout le respect que j'avais pour le ministre de l'Économie, il aurait été mal reçu. [...] Ensuite, si vous avez l'occasion d'interroger Laurent Nuñez, vous pourrez lui demander les raisons pour lesquelles l'arrêté a été modifié. Mais comme je souhaitais que nous puissions intervenir sans la moindre faiblesse à l'égard d'Uber et que l'attitude procédurière de cette entreprise était bien connue – vous avez vu l'ensemble des procédures qu'ils ont engagées –, je n'entendais pas qu'une procédure à l'encontre d'un arrêté pût affaiblir l'État et consacrer la victoire d'Uber. Les conseils et les consignes que je donnais à mes collaborateurs – et Laurent Nuñez en était un – étaient donc de prendre des arrêtés en ayant procédé à l'ensemble des vérifications juridiques. Si vous avez le sentiment que le contenu d'un arrêté est de nature à le fragiliser en droit, n'offrez pas cette victoire à Uber. Telles étaient mes consignes. »

Le Premier ministre Manuel Valls donne la même version des faits : « Vous avez fait allusion à Marseille et à ce qui s'est passé en octobre 2015. La préfecture de police de Marseille avait souhaité empêcher les pratiques de maraude électronique, qui étaient interdites depuis l'adoption de la "loi Thévenoud", un an plus tôt. Je vous renvoie à ce que vous a dit Laurent Nuñez, qui était alors préfet de police des Bouches-du-Rhône, lors de son audition par votre commission. Là non plus, il n'y a pas eu de pression exercée sur ce préfet de police, qui agissait selon les instructions du ministre de l'Intérieur. Comme les autres préfets de France, il ne pouvait recevoir d'instructions d'autres ministres. Le ministre de l'Intérieur ne l'aurait pas accepté et je ne l'aurais pas admis non plus, en ma qualité de Premier ministre et, qui plus est, d'ancien locataire de la place Beauvau. C'est d'autant plus vrai que l'arrêté a été modifié dans un sens plus restrictif : il s'est appliqué à un territoire plus vaste et a ciblé d'autres acteurs que la seule application Uber X, qui avait succédé à UberPop. Il s'agissait, en l'occurrence, d'éviter les fraudes et le contournement de la réglementation que le préfet avait observés lors des contrôles. Cet exemple montre que nous n'avons pas cédé aux pressions d'Uber, bien au contraire. »

Comme pour le deal, le président de la commission d'enquête Benjamin Haddad va se satisfaire pleinement de ces explications. Circulez, il n'y a rien à voir. Le deuxième arrêté a été pris pour être inattaquable en justice et s'avère plus contraignant…

Mais, comme pour l'affaire du deal, l'analyse des données *Uber Files*, hélas récupérées après les auditions, donne une tout autre lecture de l'enchaînement des faits.

Le 21 octobre 2015, un premier échange se déroule entre dirigeants d'Uber. Alexandre Quintard Kaigre interpelle Mark MacGann : « URGENT. Le préfet de police de Marseille vient d'interdire par arrêté Uber X. » Mark MacGann lui répond : « Vu message [de M.] Lacresse ? Suis dans un avion au-dessus de Londres. Te tel dès que je peux […]. » Alexandre Quintard Kaigre : « Ok. J'appelle [M.] Lacresse et je te recontacte derrière. » Mark MacGann : « Ok merci. » Alexandre Quintard Kaigre : « Réponse SMS de [M.] Lacresse que je n'ai pas réussi à avoir au tel : "Pour le moment nous sommes en train d'analyser, dès que j'ai plus de commentaires je vous en fait part." » Mark MacGann : « Répond : merci. Dans tous les cas de figure, nous devrons prendre position publiquement demain mi-matinée. » Alexandre Quintard Kaigre : « C'est fait. Réponse de [M.] Lacresse : "Oui pas de précipitation." »

D'autres documents des *Uber Files* confirment ces échanges entre dirigeants d'Uber et Emmanuel Lacresse et le souci de ce dernier de préserver la discrétion de l'action ministérielle dans la communication. Mark MacGann lui dit : « [...] d'une autorisation administrative délivrée par les services de la même préfecture qui leur interdirait aujourd'hui d'exercer leur activité par l'intermédiaire de l'application Uber. Des échanges sont en cours avec le gouvernement afin d'analyser le sens et la portée de cet arrêté. » Emmanuel Lacresse répond : « Vu, merci. Je ne suis pas super certain du besoin du gouvernement du sujet... C'est-à-dire de le mentionner... »

Après la publication du second arrêté, Mark MacGann ne cache pas la grande satisfaction de la plateforme Uber, toujours par SMS, et remercie Emmanuel Macron : « Bonne coopération avec votre cabinet et celui de Beauvau. Préfet des Bouches-du-Rhône va modifier son arrêté et son communiqué pour gommer les déclarations qui ont semé la confusion. Merci pour votre soutien. » Emmanuel Macron lui répond : « C'est normal. Merci de la réaction proportionnée. » On découvre que le second arrêté n'est pas du tout perçu par Uber comme « plus restrictif ». On apprend surtout qu'il y a bien eu, entre les deux arrêtés, une « bonne coopération », non seulement avec le cabinet d'Emmanuel Macron mais également avec le ministère de l'Intérieur !

Ce n'est que bien après les auditions du préfet et des ministres que nous avons eu accès à de nouveaux messages qui révèlent le rôle du cabinet de Bernard Cazeneuve. Alexandre Quintard Kaigre y déclare : « Je viens d'être appelé à nouveau par le cabinet de Bernard Cazeneuve (David Coste et Jean-Julien Xavier-Rolai). Ils ont discuté avec le préfet de police des Bouches-du-Rhône. J'ai invité Greg dans notre discussion. Ils nous ont annoncé que le préfet de police allait communiquer dans 1 heure pour dire que l'arrêté ne reflète pas ce qu'il voulait dire. Il semblerait que le PP voulait pointer des faits de maraude reprochés à des chauffeurs (par ailleurs partenaires d'Uber). Il va appeler rapidement l'AFP pour faire une déclaration. Cela tombe bien : l'application ne permet pas de faire de maraude ! J'ai enfoncé le clou pour leur faire comprendre qu'une seule communication ne résoudrait rien et qu'il fallait retirer cet arrêté qui nous vise explicitement ! :)Donc, après de longues minutes de négo pour obtenir le retrait, le cabinet Cazeneuve a lâché que le PP allait "probablement revoir les termes de l'arrêté dans les prochains jours". Nous n'avons pas encore obtenu le retrait de l'arrêté mais c'est un beau début de rétropédalage. Nous sommes convenus de nous rappeler après la communication du préfet. Je fais le maximum pour obtenir le retrait de l'arrêté d'ici à demain soir. »

Dans un message ultérieur, Alexandre Quintard Kaigre précise : « On devrait obtenir un nouvel arrêté qui exclut tout lien avec Uber et qui devrait ne pas nous mentionner. Je viens de raccrocher avec Plic et Plouc. » Les membres du cabinet de Bernard Cazeneuve apprécieront les petits noms dont ils ont été affublés. Durant cette longue soirée à mon bureau de l'Assemblée je vous avoue que, avec mon équipe, nous en avons bien ri.

Il est, à mon avis, peu probable que les membres du cabinet de Bernard Cazeneuve aient agi à l'insu de leur propre ministre. Si le nouvel arrêté avait été pris uniquement pour des raisons de fragilité juridique, l'argument aurait été avancé à un moment ou à un autre dans ces échanges. Or, il n'en a rien été. Laurent Nuñez ne nous a pas informés de cette intervention d'Uber. C'est un fait. Quant à Bernard Cazeneuve, a-t-il menti par omission ? À aucun moment dans son audition il n'a lui non plus fait référence à ces échanges. Rien ne prouve que le cabinet du ministre de l'Intérieur ait agi après une sollicitation du cabinet d'Emmanuel Macron, mais celui de la place Beauvau est bien intervenu à la suite des échanges avec les dirigeants d'Uber pour faire retirer et faire publier un nouvel arrêté.

Quels étaient donc les attendus du premier arrêté et les conséquences du second ? Mon collègue député Sébastien Delogu, qui était chauffeur de taxi à Marseille et fortement mobilisé, m'a donné des clés de compréhension bien plus convaincantes.

En octobre-novembre 2015, les taxis marseillais sont mobilisés contre la prolifération des VTC aux abords des points clés de la ville : le centre-ville, les gares, l'aéroport et notamment par l'usage de la plateforme Uber X. Ils revendiquent auprès de la préfecture de police une intensification des contrôles. C'est l'engagement qu'ils obtiennent par le premier arrêté. Or, le second ne mentionne plus explicitement Uber X mais vise l'ensemble des plateformes et non plus spécifiquement ces endroits très stratégiques mais l'ensemble du département. Pour les taxis marseillais, cet arrêté est bien vécu comme une trahison, un rétropédalage complet, signifiant que la préfecture renonce à renforcer les contrôles. Selon eux, il est clair, une nouvelle fois, que le lobbying agressif d'Uber a payé. On comprend mieux la grande satisfaction des dirigeants de l'entreprise.

Malgré tous ses beaux discours en faveur de la défense de l'État de droit, Bernard Cazeneuve a bien cédé à la pression d'Uber. Mark MacGann a dénoncé ce double discours des ministres même s'il s'est gardé de cibler celui de la place Beauvau : « Combien de fois ai-je eu à faire à des gouvernements qui nous accusaient, avec raison, d'être des hors-la-loi mais qui, en privé, nous promettaient de trouver des solutions rapides et favorables à la croissance effrénée exigée par nos dirigeants et nos investisseurs ? En France comme dans d'autres pays, l'État – je le dis avec beaucoup de respect – avait tendance à abdiquer son devoir face à la pression d'Uber et de ses amis influents. »

Comment également interpréter l'omission de la part du préfet de police Laurent Nuñez ? Comme je l'ai écrit dans le rapport : « Il convient de souligner que M. Laurent Nuñez, aujourd'hui préfet de police de Paris, a entre-temps été secrétaire d'État auprès du ministre de l'Intérieur ; dans quelle mesure sa réponse à la commission d'enquête a-t-elle été influencée par sa loyauté vis-à-vis du ministre de M. Emmanuel Macron, ministre de l'Économie puis président de la République ? »

L'orientation libérale des gouvernements Hollande a eu raison sur la défense de l'État de droit. Comment rester crédible sur la promotion des start-up, le pseudo-gisement d'emplois de l'innovation numérique si la plateforme la plus connue est réellement entravée dans son développement et son illégalité révélée ? L'obtention de la fermeture d'UberPop par la plateforme avant la décision finale du Conseil constitutionnel qui ne devait avoir lieu que mi-septembre 2015 suffisait très certainement comme élément de communication pour le gouvernement. Dès lors, suggérer à la DGCCRF d'être plus indulgente ou retirer un arrêté préfectoral trop contraignant relevait de la nécessité politique de faire prévaloir l'orientation néolibérale sur la défense de l'État de droit.

Livraisons illégales ?

Depuis 2014, le modèle de l'ubérisation s'est étendu à de nombreux secteurs. Le plus connu et visible est sans conteste celui de la livraison à domicile de repas et de courses. En juillet 2016, juste après le 49-3 sonnant la fin de la mobilisation contre la loi El Khomri, Jérôme Pimot, livreur à vélo, me contacte. Il a fondé le CLAP, Collectif des livreurs autonomes des plateformes. Je découvre une figure infatigable de la lutte des livreurs. Il a d'abord travaillé avec la plateforme Tok Tok Tok, puis Take Eat Easy et Deliveroo. Il est devenu porte-parole d'un collectif de coursiers après la fermeture précipitée de Take Eat Easy pour liquidation le 25 juillet 2016. Les livreurs en avaient été informés par Facebook ! Plus d'un mois de travail intensif ne leur a jamais été réglé par la plateforme. Comble du cynisme : un livreur avait raconté qu'il avait livré, quelques jours auparavant, un repas au responsable France de la plateforme en personne ! Ce dernier ne pouvait ignorer la liquidation imminente et ses conséquences sur le non-paiement des livreurs. Il s'était néanmoins accordé une dernière livraison !

Jérôme Pimot me fait rencontrer des livreurs à différents rassemblements, près du château de Vincennes et sur la place de la République. Son discours est clair : « Nous sommes en réalité des salariés déguisés en indépendants. » Il a engagé des démarches aux prud'hommes pour exiger que son contrat commercial avec la plateforme soit requalifié en contrat de travail salarié. À l'époque, on trouve pas mal d'étudiants, des jeunes peu qualifiés ou en rupture de formation, ainsi que de vrais passionnés de vélo parmi les livreurs. Pour beaucoup, c'est leur premier travail rémunéré. Leur statut est très précaire, ils sont peu payés et très vulnérables. Livrer à vélo dans la capitale est loin d'être sans danger. Ils sont nombreux à raconter avoir au moins un accident par an, plus ou moins grave. Mais aucune statistique fiable ne les recense en accidents de travail car ils ne sont pas salariés. Jérôme Pimot a ainsi été immobilisé chez lui pendant plusieurs mois à la suite d'une chute lors d'une course et s'est retrouvé sans revenus du jour au lendemain.

Chez les livreurs, les revendications s'accumulent et on retrouve les mêmes problématiques et contradictions que chez les chauffeurs VTC : ils revendiquent la hausse des tarifs des courses, la baisse de la commission imposée par les plateformes, ainsi que des droits sociaux pour être mieux protégés en cas d'accidents. Toutes ces revendications d'amélioration des conditions de travail et de protection sociale s'apparentent à des revendications du monde du salariat. Mais certains continuent à exprimer leur attachement au statut d'indépendant, au nom de leur liberté.

« Mais vous avez un patron, c'est votre smartphone et la plateforme, et les algorithmes managent vos conditions de travail et de rémunérations en toute opacité et sans qu'on vous demande votre avis ! », leur rétorque fréquemment le leader des livreurs.

Le fondateur de CLAP soutient un projet alternatif aux plateformes numériques : créer une société coopérative d'intérêt collectif (SCIC), à laquelle peuvent participer les collectivités locales. Les livreurs pourraient ainsi accéder à un statut de salarié tout en restant maîtres de leur emploi du temps et la plateforme serait leur outil cogéré collectivement. Les collectivités, en s'associant à la SCIC, aideraient par leur capacité d'investissement et de communication au déploiement de cette alternative aux plateformes capitalistes prédatrices. La ville devrait soutenir cette démarche portée par le collectif « Coopcycle », qui représente aujourd'hui une fédération avec plus de soixante-cinq coopératives dans le monde, dont une bonne partie en France.

Il souhaite que je porte au travers d'un vœu au Conseil de Paris le projet de constitution d'un groupe de travail à ce sujet. À la différence du vœu sur les taxis, j'obtiens que celui-ci soit adopté à l'unanimité quelques mois plus tard. Pour autant, l'exécutif municipal n'en fera strictement rien… Il faudra attendre le nouveau mandat municipal et l'arrivée de Barbara Gomes, conseillère de Paris communiste, pour que la préoccupation des travailleurs des plateformes trouve une traduction concrète dans la politique municipale parisienne. Celle qui est par ailleurs maîtresse de conférence en droit social, droit du numérique et des plateformes – elle sera auditionnée par la commission à ce titre – n'a certes pas de mandat de l'exécutif pour engager la ville dans la création du projet de SCIC, mais réussit à s'atteler à la création d'une maison des coursiers à Paris avec les premiers concernés.

En septembre 2021, grâce à la détermination de la conseillère de Paris, la maison ouvre enfin ses portes dans le 18e arrondissement de la capitale. C'est un lieu convivial où les livreurs peuvent venir gratuitement, juste pour se poser, prendre un café, réchauffer leur repas, mais aussi obtenir un soutien administratif et juridique. C'est précisément l'association Coopcycle, coopérative de livraison à vélo, qui gère le lieu. Entre-temps, le profil des livreurs a profondément changé. Pendant la crise sanitaire – et tout particulièrement le confinement –, ce sont des travailleurs en situation administrative irrégulière qui ont parcouru la ville pour livrer repas et courses aux Parisiens confinés. Tout le monde le savait, des dirigeants de la plateforme en passant par ses utilisateurs et les services de police dans toutes les grandes agglomérations de France. Avant la fin du confinement, il y avait eu, chez Frichti, une forte mobilisation des travailleurs sans papiers qui avait abouti à la régularisation d'un certain nombre d'entre eux. Mais, au lendemain du confinement, plusieurs plateformes – notamment Deliveroo – ont décidé brutalement de déconnecter massivement les travailleurs sans papiers. En septembre 2022, les livreurs de Frichti non régularisés ainsi que d'autres livreurs sans papiers décident de s'organiser plus durablement. Chaque semaine, ils étaient plusieurs centaines, voire plus d'un millier à se retrouver place de la République, soutenus par le CLAP, Sud-Commerces et Services et la CNT-Solidarité ouvrière pour défiler en faisant le tour de la capitale avec deux revendications principales : que leur contrat de travail soit requalifié en salarié et qu'ils puissent être régularisés dans le cadre de la circulaire dite « Valls ». Cette dernière, publiée le 28 novembre 2012, visait à faciliter les régularisations par le travail, mais elle ne prend en compte que les travailleurs qui ont soit une promesse d'embauche salariée, soit un contrat de travail salarié.

Le 2 mars 2023, la commission d'enquête auditionne les principaux acteurs côté livreurs. Ludovic Rioux, secrétaire général de CGT-Livreurs et lui-même livreur, nous a décrit l'évolution des conditions de travail et de rémunération. Au départ, le système des plateformes « permettait de s'inscrire sur des plannings, afin de s'assurer que le nombre de livreurs était plus ou moins adapté, du point de vue de la plateforme, au nombre de commandes distribuées sur une même période. Ce système de planning avait également des limites car il favorisait la mise en concurrence des travailleurs. Les statistiques permettaient aux travailleurs de s'inscrire sur certains plannings et pas sur d'autres, qui n'étaient pas jugés prioritaires. La disparition de ce système signifie que les travailleurs sur une plateforme doivent se répartir un nombre de commandes plus ou moins grand. La rémunération s'effectue uniquement à la tâche effectuée et ne prend pas en compte les temps d'attente ni le trajet pour aller récupérer la commande. La plateforme s'arroge désormais tout le pouvoir pour diminuer le tarif de la rémunération de la tâche. Jusqu'à l'été 2019, avant la disparition des plannings, des minimums existaient dans certaines villes pour Deliveroo au moment de la commande. À Lyon, la commande était fixée à environ 4 euros. Avec la disparition de ce minimum et des plannings, les commandes sont désormais payées environ 2 euros. Un travailleur peut réaliser un nombre de commandes important sans pour autant atteindre un revenu décent. En outre, le statut d'indépendant permet aux plateformes d'éviter le versement des cotisations patronales et salariales, ce qui prive les travailleurs de tout un pan de la protection sociale. Cette évolution s'est produite dans le secteur des plateformes, à l'initiative des deux acteurs principaux qu'étaient Uber et Deliveroo qui cherchaient à reprendre le marché en abaissant les conditions de travail au maximum. De son côté, Stuart, qui a été rachetée en 2017 par La Poste, ce qui en fait indirectement une filiale de l'État français, a poursuivi ce mouvement ».

Cet abandon des plannings a par ailleurs été motivé pour les plateformes par la volonté de se soustraire au risque de requalification en salarié de leurs travailleurs. La stratégie de dumping pour gagner le marché par la clientèle, comme pour Uber et les VTC, marche à plein dans la livraison, au détriment, bien évidemment, des livreurs.

Circé Lienart, coordinatrice de la Maison des coursiers, que j'avais déjà rencontrée plusieurs fois auparavant, est très certainement la mieux placée pour décrire qui sont ces livreurs et quelles sont les conditions de travail et de rémunération qu'ils subissent. Elle a accueilli 690 livreurs « ubérisés » dans le cadre de sa mission et peut donc détailler devant la commission d'enquête : « 75 % d'entre eux travaillent au moins six jours par semaine et 56 % travaillent entre neuf et douze heures par jour, sachant que le temps de travail augmente avec l'allongement continu des plages de livraison. 80 % des livreurs accueillis touchent moins de 1 500 euros bruts par mois, en moyenne, sans prendre en compte les 22 % de cotisations de l'Urssaf et les frais que cette activité entraîne (réparations du vélo, essence pour le scooter, Pass Navigo, etc.). Les trois quarts des personnes que je reçois sont sans papiers et travaillent beaucoup. 80 % de ces sans-papiers sont en France depuis plus de trois ans et 28 % depuis plus de cinq ans. 56 % de ces travailleurs ont livré pendant le confinement, ce qui a permis d'atténuer les effets négatifs du confinement en permettant aux Français de se faire livrer. Ils ont surtout permis à de nombreuses plateformes de se développer pendant cette période. Parmi ces sans-papiers, cent soixante-quinze ont travaillé en leur nom, sans sous-louer de compte. Uber et d'autres plateformes cherchent à faire oublier cette réalité. Tous les sans-papiers n'ont pas sous-loué leur compte. De nombreuses personnes ont travaillé, cotisé et payé des impôts en leur nom. Tout ce travail n'a apporté aucune reconnaissance de leurs droits puisque ces personnes ne sont pas salariées. Parmi les livreurs que j'ai reçus, deux cent cinq seraient théoriquement régularisables au titre de la circulaire Valls de 2012, en tenant compte de leur ancienneté de séjour et de leur temps de travail. Or, étant autoentrepreneurs, ces travailleurs ne peuvent pas bénéficier de la régularisation par le travail qui se fonde uniquement sur des bulletins de salaire. Dans ce cadre, la Maison des coursiers soutient les mobilisations du CLAP, de la CNT-SO et de Sud-Commerces et Services qui ont lieu depuis septembre. »

Et, sans surprise, l'écrasante majorité des livreurs fréquentant la Maison des coursiers souhaiteraient accéder au statut salarié.

De nombreuses plateformes de livraison se font concurrence, la plupart en ayant recours à des autoentrepreneurs et d'autres à des salariés. Résultat : la guerre des prix pour capter le marché de la clientèle tire vers le bas. Pas besoin de respecter de salaire minimum, ni de payer de cotisations sociales, encore moins de participer aux frais de transport, du téléphone professionnel ou encore aux frais d'essence et de réparation du matériel. À l'arrivée, avec l'armée de réserve que constituent les travailleurs sans papiers, le dumping social n'a plus aucune limite à son modèle d'exploitation. Jérôme Pimot a ainsi décrit ce processus lors de son audition : « Que ce soit une volonté ou une finalité, l'ubérisation est devenue pour beaucoup synonyme d'esclavage. Selon nous, l'ubérisation s'apparente davantage à de l'engagisme : un système qui a succédé à l'esclavage, après son abolition en 1848. L'engagisme est une forme d'emploi réservé aux travailleurs natifs des colonies (anciens esclaves) ou immigrés d'Afrique, d'Inde ou d'Asie, pour satisfaire les besoins en main-d'œuvre des colonies. En pratique, des millions de travailleurs étrangers, à qui l'on promettait monts et merveilles, ont émigré pour signer un contrat d'engagement, dont la durée variait selon l'origine et la colonie d'accueil, avec des patrons qui pouvaient disposer d'eux à leur gré et les employer à ce qu'ils voulaient, et ce jusqu'à la veille de la Première Guerre mondiale. »

Le modèle Deliveroo de surexploitation des livreurs a fait l'objet de décisions de justice historiques : il a été reconnu que la plateforme exploitait des livreurs sous un faux statut d'indépendant, pour des faits concernés situés à Paris, entre mars 2015 et décembre 2017. Comme le résume le rapport : « Le 19 avril 2022, le tribunal correctionnel de Paris a reconnu Deliveroo France coupable du délit de travail dissimulé et l'a condamnée à 375 000 euros d'amende. Deliveroo France a fait appel de ce jugement. Deux de ses dirigeants et un directeur opérationnel ont eux aussi été condamnés pour délit de travail dissimulé et complicité à des peines de prison et d'interdiction de diriger des sociétés avec sursis. » Le tribunal a rejeté la qualification de « plateforme de mise en relation » que revendiquait Deliveroo. La plateforme est bien une plateforme de service, avec un pouvoir de direction vis-à-vis des livreurs, un pouvoir de surveillance et de contrôle et un pouvoir de sanction. Une seconde décision de justice est tombée le 1er septembre 2022. Le tribunal judiciaire de Paris a condamné Deliveroo à verser à l'Urssaf 9,7 millions d'euros d'arriérés de cotisations sociales pour travail dissimulé ! Mais, là encore, Deliveroo a fait appel et affirme que la condamnation concerne une organisation du travail qui a été abandonnée depuis. Les juges ont constaté un faisceau d'indices traduisant la présence d'un lien de subordination, comme la nécessité pour les livreurs de suivre une formation préalable, d'utiliser du matériel et des applications fournis par la plateforme, mais aussi la situation de dépendance économique dans laquelle étaient placés les livreurs vis-à-vis de la plateforme, les sanctions que la plateforme pouvait infliger aux livreurs se rapprochant de sanctions disciplinaires dans le monde salarial (de l'avertissement oral à la déconnexion, en passant par la sanction financière) et l'existence d'un service organisé.

Le 6 avril 2023, nous auditionnons la directrice générale de Deliveroo France, Mme Melvina Sarfati El Grably. Elle semble n'avoir aucunement préparé cette audition et se révèle incapable de répondre aux questions : pas de chiffres précis sur les livreurs, sur leur temps de travail, encore moins pour préciser le temps « connecté » et non uniquement le temps de réalisation des courses. Dès lors, son chiffre avancé d'un revenu des coursiers de Deliveroo qui atteindrait les 12,50 euros l'heure, supérieur au Smic donc, est plus que contestable. D'autant qu'il ne prend nullement en compte la nécessité pour les livreurs d'assumer un grand nombre de charges et d'anticiper l'absence de réelle protection sociale. Pas de chiffre précis sur l'accidentologie. Pas de chiffre précis sur le recours aux travailleurs sans papiers ni même sur les actions engagées et leurs résultats pour y remédier. Aucun élément précis sur les actions de lobbying de la plateforme vis-à-vis des pouvoirs publics. C'est si flou que le président Benjamin Haddad exige qu'elle soit de nouveau convoquée la semaine d'après, en ces termes : « Madame, je vais être très franc : je suis un peu surpris que la directrice générale d'une entreprise cotée dispose de si peu d'éléments concrets devant une commission d'enquête parlementaire, sur des sujets faisant l'objet soit de décisions de justice soit d'une couverture médiatique assez importante, alors même que nous évoquons ces sujets depuis plusieurs semaines. Je vous demande de revenir devant nous la semaine prochaine, jeudi au plus tard, avec tous les éléments nécessaires pour examiner ces questions de manière approfondie. »

La semaine suivante, la directrice a pu présenter des chiffres et des arguments un peu plus fournis. Néanmoins, sur le recours aux sans-papiers, l'hypocrisie reste de mise : « Nous n'avons aucun chiffre relatif à des travailleurs sans-papiers. Faire travailler des sans-papiers, c'est de la fraude. C'est un sujet grave et nous nous sommes engagés dans le combat contre la fraude. Nous avons adopté des procédures internes particulièrement élaborées. Nous avons aussi pris des engagements auprès des pouvoirs publics, notamment en signant avec le ministère du Travail, il y a quelques mois, une charte concernant la lutte contre la sous-traitance illégale. »

La plateforme revendique ainsi la mise en place des contrôles accrus, avec demande tous les six mois d'attestation de vigilance prouvant que le livreur est à jour côté Urssaf et l'instauration d'une procédure de reconnaissance faciale. Soixante-trois salariés de Deliveroo, soit vingt-trois à vingt-cinq équivalents temps pleins, travailleraient sur les vérifications d'identité, afin de vérifier, notamment pour les ressortissants non européens, que les titres de séjour autorisent à travailler en tant qu'indépendants. Côté Uber Eats, M. Pierre-Dimitri Gore-Coty s'est également vanté lors de son audition que la plateforme américaine aurait été la première à instaurer, dès 2019, une solution de contrôle par selfie consistant à demander aux coursiers de façon aléatoire d'envoyer une photo afin de vérifier la concordance avec la photo transmise lors de l'inscription et déjouer ainsi les sous-locations de compte.

Le recours aux travailleurs sans papiers a été massif, voire exclusif, pendant le confinement, mais il se poursuit aujourd'hui. Comment les plateformes peuvent-elles prétendre être dorénavant efficaces face à l'exigence demandée par le ministère du Travail de ne plus y avoir recours ? Le terrain ne cesse de démontrer l'inverse. Le débat sur la future loi Darmanin dite « Asile-Immigration » poursuit la même hypocrisie. La livraison à domicile n'est pas considérée comme un secteur en tension, mais plutôt que de réaffirmer que les personnes en situation administrative irrégulière n'ont pas le droit de se créer un statut d'auto-entrepreneur, le gouvernement ferait mieux de modifier la circulaire Valls sans plus attendre, pour intégrer les travailleurs ubérisés – à défaut d'engager enfin leur requalification en salarié.

Les interventions exigeantes du président de la commission à propos du recours aux sans-papiers relèvent, tout comme l'attitude du gouvernement et de la plateforme, d'une hypocrisie absolue : c'est bien le système, en lui-même, de recours à de faux indépendants, exploités frauduleusement et en toute connaissance de cause parce qu'il permet un dumping social qui tire toujours vers le bas les conditions de travail et de rémunération des livreurs, qui devrait être dénoncé. L'entreprise Deliveroo, comme tant d'autres, n'est pas « victime » de travailleurs sans-papiers qui officieraient pour elle à son insu. C'est bien parce que ces conditions sont si précaires qu'il n'y a plus que des travailleurs sans-papiers pour s'y soumettre et chacun le sait. Imposer la requalification en salariés des livreurs, comme l'exigent les décisions de justice, permettrait leur régularisation et engagerait *de facto* un autre rapport de force entre les travailleurs et la plateforme pour la défense de leurs droits. Le ministre du Travail a engagé une réflexion, avec les plateformes de coélaboration, autour d'une charte concernant la lutte contre la sous-traitance illégale. Mais rien contre le travail dissimulé malgré les décisions de justice !

Bien que les auditions de la direction de Deliveroo aient lieu un an après les décisions de justice, l'entreprise continue d'affirmer que son modèle repose sur le statut de travailleur indépendant, soi-disant plébiscité par les livreurs. Sa pratique est illégale, condamnée par la justice : Deliveroo persiste et signe en affirmant avoir fait évoluer le statut ! D'ailleurs, dans l'affaire ayant abouti à la condamnation de la plateforme, le tribunal avait relevé l'existence d'un document interne intitulé « *ops versus legal* », soit « pratique contre droit ». C'est un texte assez instructif, présentant un tableau comparatif des éléments de langage à bannir ou à privilégier pour donner une bonne impression en matière d'indépendance des livreurs et ne pas prêter le flanc aux arguments favorables à leur requalification en salariés. La société a été condamnée non seulement pour travail illégal, mais aussi pour avoir eu pleinement conscience qu'elle s'adonnait à une activité frauduleuse, dans une décision de justice historique, particulièrement sévère, avant de s'en désister en juin 2024, frappée d'appel par la plateforme. À cela, la directrice n'a rien su répondre, ni dans la première, ni dans la seconde audition.

Deliveroo a-t-elle engagé des actions de lobbying en direction des décideurs publics face à l'étau resserré de la justice, l'empêchant de poursuivre sereinement son modèle d'exploitation ? Lors du procès, les juges avaient révélé que les dirigeants avaient participé à de nombreuses réflexions avec des décideurs publics concernant des décrets d'application ou des réformes ultérieures visant à protéger les plateformes de tout risque de requalification des livreurs. Mais, à ce sujet, la directrice de Deliveroo est restée bien silencieuse, ne citant que vaguement que les rendez-vous avaient été déclarés à la HATVP.

La commission d'enquête n'a pu creuser la problématique des *dark stores* et *dark kitchens*, pourtant étroitement liée aux plateformes de livraison. Une mission d'information avait par ailleurs été créée à ce sujet et portée par une collègue du MoDem, Maud Gatel. Ces entrepôts en centre-ville, uniquement créés pour la livraison de courses ou de repas, ont provoqué la colère des riverains pour les nuisances engendrées et l'exaspération des collectivités, comme la Ville de Paris, pour leur mépris des règles d'urbanisme. Mais, en juillet 2022, un projet de décret et d'arrêté avait fuité. Il semblait totalement copier-coller les revendications des plateformes ! Il a fallu la mobilisation des élus locaux, notamment de la Ville de Paris, pour obtenir, presque une année après, de nouveaux textes permettant aux élus locaux de reprendre la main…

Si les plateformes de type Deliveroo semblent avoir bien calqué leur modèle et leurs méthodes sur Uber – en recourant à des indépendants très dépendants –, comment sont traités les travailleurs salariés des plateformes qui ont, au contraire, choisi de recourir aux contrats de travail salarié ? La commission a auditionné la plus grosse plateforme en la matière dans le domaine de la livraison de courses : Getir.

Je dois reconnaître que je ne découvrais pas la plateforme lors de l'audition de son nouveau directeur général, M. Nicolas Musikas. J'avais été contactée, presque un an auparavant par d'anciens salariés de l'entreprise. Mediapart avait également révélé les graves dysfonctionnements de l'entreprise grâce à ces lanceurs d'alerte.

Getir, entreprise turque à l'origine, est la plus grosse du secteur après le rachat de son concurrent Gorillas – qui avait lui-même racheté Frichti – et depuis le départ de la filiale française de Flink, placé en redressement judiciaire. En tant que ministre délégué du Commerce extérieur et de l'Attractivité, Franck Riester s'était rendu à Istanbul en septembre 2021 dans le cadre de la commission mixte Turquie-France pour l'économie et le commerce (JETCO). Avec l'appui de Business France, Getir s'est implanté en France en bénéficiant de 200 000 euros d'aides à l'embauche et de 1,2 million d'euros en 2022 pour la création d'emplois au titre de l'aide à la réinsertion dans l'emploi. Dès le départ, l'entreprise s'est démarquée en se vantant d'être une entreprise éthique socialement : « Nous n'employons que des salariés en CDI pour les livreurs et préparateurs de commandes. Ce modèle a été choisi dès le début pour favoriser la formation des livreurs et entretenir une bonne relation avec le client. Cela permet aussi d'offrir une meilleure qualité de service. Les livreurs connaissent leurs clients. De fait, nous instaurons une vraie relation clients. Ce modèle est vertueux et permet d'insérer une certaine population dans le monde du travail. Ainsi, nous faisons office de tremplin en proposant à certaines personnes d'accéder à un premier emploi. Beaucoup de nos livreurs proviennent en fait de plateformes de type Uber et sont d'anciens autoentrepreneurs. Pour nous, livreur est un vrai métier qui doit être développé en tant que tel. Uber n'a pas de fournisseurs ou d'entrepôt logistiques ; il n'a pas de magasins physiques ou d'employés, à la différence de Getir. »

Sur le papier, c'est convaincant. Mais la réalité est tout autre. L'entreprise promet des livraisons sept jours sur sept, en moins d'un quart d'heure. Les travailleurs, qu'ils soient préparateurs de commandes dans les entrepôts ou livreurs, sont en permanence sous pression. Les ex-salariés que j'avais rencontrés m'avaient raconté les conditions du démarrage de l'entreprise en France, en juin 2021. Getir avait promis la création de 5 000 emplois en dix-huit mois, rien que ça ! Le recrutement de 1 700 personnes a bien eu lieu, pour devenir livreurs et préparateurs de commandes. Embaucher massivement, dépenser sans compter, cela faisait partie de la stratégie de l'entreprise, notamment pour gagner la confiance des investisseurs potentiels durant l'importante levée de fonds organisée. Mais, en 2022, entre la crise sociale consécutive au Covid et l'explosion de l'inflation, l'entreprise n'arrive plus à accroître sa clientèle – ni même à la garder. Comme le dit le rapport : « À la mi-2022, le fondateur de Getir, M. Nazim Salur, annonce depuis le siège d'Istanbul une réduction des effectifs. Getir procède alors à plusieurs centaines de licenciements, sans plan de sauvegarde de l'emploi (PSE), lequel est pourtant obligatoire dès lors qu'un employeur interrompt les contrats de plus de neuf personnes au cours d'une période de trente jours. En moins de six mois, les effectifs passent de 1 800 (en avril 2022), à 1 200 (septembre 2022) puis à environ 900. »

Lors de l'audition, j'interroge donc M. Nicolas Musikas : « Aujourd'hui, votre effectif représente neuf cents employés, mais en mai dernier, il s'établissait à mille sept cents personnes. Dès lors qu'un employeur interrompt le contrat de plus de neuf personnes sur une période de trente jours, il doit procéder à un plan de sauvegarde de l'emploi (PSE). Avez-vous procédé à un PSE ? » Sans gêne, le directeur général me répond : « Non, car les licenciements étaient dus à des fautes graves et des raisons disciplinaires. » Huit cents licenciements pour des raisons disciplinaires ? Le directeur général, toujours sans gêne, prétend les préciser : « Je sais que la société s'est développée rapidement, que certaines personnes qui n'avaient pas l'habitude du salariat ont été recrutées et que, du côté de Getir, les ressources humaines ont fait montre d'un certain laxisme. Des gens qui ne se présentaient pas au travail, qui consommaient des substances illégales sur le lieu de travail ou commettaient des violences verbales ou physiques sur le lieu de travail étaient insuffisamment suivis. En juillet, à la suite d'une prise de conscience, la société a donc procédé à des licenciements. [...] Il faut savoir qu'il y a eu également des gens qui sont partis d'eux-mêmes – il y a beaucoup de rotation dans ce métier. [...] Le nombre de départs est élevé, certes, mais il est dû à un défaut de suivi des ressources humaines. [...] Les raisons disciplinaires sont établies. Par ailleurs, il y a très peu de contentieux en cours. »

Si les licenciements ne sont pas économiques mais justifiés pour des raisons disciplinaires, l'entreprise a donc dû procéder à des recrutements pour les remplacer ? Le directeur ne se démonte pas : « Nous avions la volonté de remplacer ces personnes mais le cadre juridique a évolué concernant le e-commerce, ce qui ne nous donne pas suffisamment de visibilité pour recruter. Nous souhaitons que le cadre juridique idoine soit mis en place. » La fraude massive au PSE semble bien avérée : Getir s'est séparé de la moitié de ses effectifs sans PSE ! L'entreprise a par ailleurs annoncé son placement en redressement judiciaire, ce qui atteste des difficultés économiques qu'elle connaît depuis plusieurs mois. Le 17 mai, elle annonçait le licenciement de neuf cents personnes supplémentaires.

Comme je le résume dans le rapport, « aucune des entreprises du quick commerce n'a encore prouvé sa capacité à être rentable dans la durée ; la filiale française de Flink, principal concurrent de Getir, a elle aussi annoncé, le 6 juin 2023, son placement en redressement judiciaire et son intention de quitter le marché français. Cela est confirmé par le rapport de la mission d'information menée par Mmes les députées Maud Gatel et Anaïs Sabati récemment publié. »

Getir a donc embauché massivement pour rassurer les investisseurs et dégraisser sauvagement quelque temps après la levée de fonds ! Comment une entreprise a pu, en 2021 et 2022, bénéficier de 1,2 million d'euros d'aides publiques au titre des contrats uniques d'insertion et contrats initiative emploi sans craindre aucun contrôle de l'État ? Les ex-salariés avec qui j'étais en contact m'ont bien affirmé que l'entreprise avait décidé de procéder à ces licenciements sans mettre en place un PSE, jugé trop coûteux. Elle aurait décidé, au mépris de toutes les règles du droit du travail, d'annuler les contrats venant d'être signés avant les prises de poste, de rompre toutes les périodes d'essai en cours, de procéder à de faux licenciements pour faute grave au moyen de ruptures transactionnelles illégales, le tout en vue de se soustraire au paiement des impôts et cotisations sociales auxquels sont normalement assujetties les indemnités de licenciement. J'ai pu accéder à des échanges internes à l'entreprise qui révèlent une démarche de contournement volontaire des règles du Code du travail, malgré les alertes des avocats de l'entreprise. Mais Getir sait pertinemment que, vu la précarité de ses salariés, peu de recours sont à craindre.

Ces licenciements massifs soi-disant disciplinaires pouvant s'apparenter à des faits susceptibles d'être qualifiés de fraude à la mise en place d'un PSE et de fraude aux cotisations sociales incluant l'usage de faux documents au sens de l'article 441-1 du Code pénal, en conséquence, j'ai saisi la procureure de la République de Paris en application de l'article 40 du Code de procédure pénale. Le 19 juillet 2023, le tribunal de commerce de Paris a prononcé la liquidation judiciaire de Getir et de Gorillas.

Les ex-salariés de Getir m'ont également appris que l'entreprise s'est activement mobilisée pour influencer l'évolution de la réglementation en sa faveur – comme d'autres sociétés de la livraison rapide. Des échanges de mails avec différents cabinets ministériels visaient à modifier les règles de l'urbanisme pour faciliter l'implantation des *dark stores* et modifier le Code du travail avec un projet de convention collective sur mesure, abaissant les obligations des employeurs, notamment pour le travail dominical...

Comme avec Uber, les gouvernements depuis l'élection de Macron ne semblent absolument pas gênés de négocier avec ces entreprises qui s'affranchissent du droit !

Le cas d'entreprise de l'ubérisation le plus scandaleux dans la livraison est sans hésiter Stuart, car il s'agit d'une filiale de La Poste, entreprise publique détenue à 34 % par l'État et à 66 % par la Caisse des dépôts et consignations. Comme l'a bien précisé son ancien président-directeur général, M. Damien Bon, devant la commission d'enquête, la mission de Stuart n'est pas la même que celle d'Uber Eats, Deliveroo ou Getir : « La mission de la société est de permettre à des commerces locaux, c'est-à-dire des entreprises ayant une activité de commerce dans des centres et milieux urbains, de proposer une livraison rapide, tout en conservant l'actif qui leur est le plus cher, leur clientèle. Contrairement à des modèles aujourd'hui dominants dans le marché de la livraison locale comme Uber ou Deliveroo, Stuart n'est pas une place de marché. Elle ne propose pas au consommateur une application pour effectuer un achat de livraison de restauration à domicile. Stuart est donc une plateforme d'intermédiation de type B to B où le consommateur est livré sur requête d'un donneur d'ordres professionnel, c'est-à-dire un commerce physique. »

L'entreprise, bien que filiale d'une entreprise publique, est, tout comme les autres (ou plus encore que les autres ?), en délicatesse avec la loi ! Stuart a recours à des livreurs à vélo sous statut d'autoentrepreneurs et à des entreprises sous-traitantes pour les livraisons motorisées – peu d'autoentrepreneurs possédant la capacité de transport de marchandises. Une enquête de l'Office central de lutte contre le travail illégal (OCLTI) a abouti à un jugement du tribunal judiciaire de Paris le 12 janvier 2023. Sur le travail dissimulé, le parquet avait requis la peine maximale et des peines de prison avec sursis pour les deux cofondateurs. Selon le procureur de la République : « [l]a plateforme régit les conditions de travail avec des directives qui dépassent les conditions générales d'utilisation, contrôle et use d'un pouvoir de sanction [ce qui constitue bien] une dissimulation généralisée de l'emploi des livreurs, qui concerne plusieurs centaines d'emplois ». Stuart a néanmoins été relaxé sur ce volet du travail dissimulé car trop peu de livreurs avaient été entendus durant l'enquête.

Condamnée sur le volet de prêt de main-d'œuvre illicite à une amende de 50 000 euros, l'entreprise a fait appel. Comment fonctionne le recours à la sous-traitance en cascade chez Stuart ? Celui qui en parle le mieux est M. Samir Yalaoui, ancien dirigeant de société, qui a travaillé pour Stuart. Son témoignage est édifiant : « Sur demande de Stuart, j'ai recruté et mis en danger la vie de beaucoup de coursiers sur les routes. Tout ça au black, tout ça sans déclaration d'embauche, sans assurance, sans déclaration Urssaf, sans rien ! J'ai poussé au travail dissimulé plus de dix mille coursiers, dans toute la France. *De facto*, j'ai détourné énormément d'argent. » Comme je le résume dans le rapport : « Au total, il aurait reçu en six ans entre 17 et 18 millions d'euros de SRT France, l'entité juridique de Stuart. Une vingtaine de sociétés auraient ainsi travaillé pour Stuart, chacune ayant une espérance de vie assez faible, pour échapper aux contrôles de l'administration fiscale ; M. Samir Yalaoui affirme avoir créé huit sociétés en six ans. » L'avocat de Samir Yalaoui – qui s'avère également être l'avocat du syndicaliste VTC Brahim Ben Ali –, Me Jérôme Giusti, également auditionné par la commission d'enquête, a bien expliqué que ces sociétés de sous-traitance faisaient office de sociétés écrans : « Stuart a choisi de rendre ses pratiques encore plus opaques. La plateforme passe de manière systématique par des sous-traitants qui ne sont là que pour servir d'écrans. [...] Stuart verse l'argent à ses sous-traitants et ceux-ci font des virements aux livreurs en prenant une commission de 20 % à 30 % sur chaque course. Mais ces travailleurs n'ont aucun statut, même pas celui d'autoentrepreneur, donc il n'y a pas de cotisations, pas de factures ni fiches de paie, pas de TVA payée, rien. »

Malgré les poursuites et décisions judiciaires – concernant celles de janvier 2023, le parquet fait appel –, les pratiques illicites semblent se poursuivre. À l'automne, bien avant la commission d'enquête, la commission des affaires économiques de l'Assemblée nationale auditionnait M. Philippe Wahl, le président-directeur général de La Poste. Je l'avais questionné sur ces pratiques *a priori* illégales. La réponse mêlait à la fois langue de bois et cynisme. Une négation de la persistance des faits, un discours ne manquant pas d'aplomb selon lequel l'entreprise faisait tout pour respecter la loi et, dans le même temps, l'affirmation de la nécessité d'être compétitif sur les services… Par ailleurs, le silence assourdissant du ministre de tutelle de La Poste peut-il être le signe d'autre chose que d'une totale complicité ?

Force est de constater que, après le scandale des *Uber Files* des années 2014-2017, les entreprises du capitalisme de plateforme continuent de bafouer l'État de droit, sans être plus inquiétées que cela ; et les décideurs publics au plus haut niveau poursuivent avec elles des échanges réguliers malgré leurs pratiques hors la loi !

Allô, la tour de contrôle ?

Une des questions centrales de la commission d'enquête parlementaire est de comprendre comment Uber a pu imposer son état de fait à l'État de droit. Les lois ont-elles bien été appliquées et sinon, pourquoi ? Comment les administrations de contrôle de l'État ont-elles réagi ?

En tant que rapporteure, j'ai engagé les travaux de la commission d'enquête au cœur des administrations de l'État. Comment ont-elles entrepris leurs opérations de contrôle ? Et quelles impulsions politiques ont-elles reçues de leurs ministères et ministres de tutelle respectifs ? Le manquement de l'État à faire respecter l'État de droit face aux plateformes qui imposent leur état de fait relève bien de la pleine responsabilité politique du gouvernement. Ce manquement semble même pleinement organisé !

Lors de leurs auditions, Thomas Thévenoud, Laurent Grandguillaume, les organisations syndicales de taxis comme de VTC sont chacun revenus sur le fait que les lois n'étaient toujours pas appliquées. Pour rappel, les chauffeurs de taxi sont les seuls à avoir le droit à la maraude et partagent en concurrence avec les chauffeurs VTC uniquement le secteur de la réservation préalable. Pour autant, les VTC ne retournent jamais « au garage » entre deux courses comme l'exige la loi, usent de la maraude électronique et s'agglutinent en permanence devant les gares et les aéroports alors que ces emplacements ne leur sont pas autorisés.

Les services de contrôle du T3P dépendant des préfectures de police, « les boers », ne font que peu d'opérations de contrôle. Après son audition, le préfet de police de Paris, Laurent Nuñez, nous a transmis le nombre de sanctions administratives prononcées à Paris par les commissions de discipline dédiées au VTC. Dérisoires ! Soixante-quinze retraits de carte professionnelle en 2019, trente-six en 2020, vingt-sept en 2021 et trente-cinq en 2022. Les services de police manqueraient cruellement de moyens humains, comme l'a d'ailleurs rappelé l'ex-ministre de l'Intérieur Bernard Cazeneuve. Mais il n'y a là aucune fatalité. Il s'agit bien d'un choix politique d'austérité visant à réduire la dépense publique, quitte à rogner sur les moyens des fonctions régaliennes de l'État.

Concernant la loi Grandguillaume, elle n'est, elle non plus, toujours pas appliquée. Il a fallu attendre plusieurs années pour que sortent les textes réglementaires d'application : trois pour le décret lié à l'article 2 de la loi Grandguillaume, alors même qu'il pose les bases d'un contrôle des plateformes en prévoyant la collecte des données concernant les VTC. Ce décret dépend d'un arrêté qui a mis deux ans supplémentaires à paraître ! Après ces cinq années, la loi, le décret et l'arrêté ne sont néanmoins pas appliqués. Comment organiser un contrôle et l'évaluer si l'administration de contrôle ne dispose d'aucune donnée réellement fiable ? Le moins que l'on puisse dire, c'est que les gouvernements respectifs semblaient – et semblent toujours – bien peu pressés de faire appliquer les lois dans le secteur du T3P !

Le gouvernement avait prévu à cette époque de constituer un registre de données public visant *in fine* à faciliter pour tout usager la réservation d'un taxi géolocalisé. Le programme beta.gouv.fr, la start-up d'État rattachée au Premier ministre, avait conçu une API, une interface machine-machine permettant d'être utilisée par toutes les applications. L'objectif final étant que chaque usager puisse, dans ses applications diverses, bénéficier d'un bouton « Y aller en taxi », quitte à se voir présenter des offres de taxis de diverses applications. La plateforme Le.taxi n'a jamais vu le jour. Il est très probable que la G7, première grande société de taxis, ait fortement résisté à ce qui pouvait être vu comme une concurrence avec sa propre centrale d'appel. Comment expliquer que les gouvernements successifs n'aient pas imposé l'intérêt général au lobby de la G7 ? Après tous les discours des pro-Uber fustigeant la rente du monde du taxi en ciblant la G7 et le lobby qu'elle incarne, quelle hypocrisie d'arriver à un tel renoncement se justifiant uniquement par la protection des intérêts de la G7 !

Ce double langage s'est d'ailleurs révélé en parallèle de la commission d'enquête. Lors du débat sur la loi Olympiques et Paralympiques, en avril 2023, le gouvernement avait prévu d'octroyer mille licences pour des véhicules adaptés aux personnes à mobilité réduite. Mais, au lieu de permettre aux nombreux chauffeurs de taxi en statut de locataire gérant sur liste d'attente d'y accéder pour devenir artisan, le gouvernement avait prévu de les réserver aux grosses sociétés – et donc à la G7. Preuve supplémentaire de leurs liens étroits avec l'entreprise, ou de leur incapacité ou leur refus de défendre les artisans. La bataille d'amendements à l'Assemblée et au Sénat a pu néanmoins aboutir à un léger recul permettant qu'une quote-part de ces licences soit accessible aux chauffeurs sur liste d'attente. À l'arrivée, en décembre 2023, la CGT-Taxis révèle que, sur 652 licences (Autorisations de stationnement – ADS) PMR délivrées, plus de la moitié – 58 %, pour être précis – l'ont été à des sociétés dont les représentants ont participé directement au vote de la commission locale du T3P de Paris, en tant que représentants d'organisations professionnelles de taxis ! Quel conflit d'intérêts inacceptable !

La question des données concernant Uber est conséquente. Elle concerne à la fois les usagers, les chauffeurs et les salariés d'Uber. Nous avons donc auditionné M. Mathias Moulin, le secrétaire général adjoint de la Commission nationale de l'informatique et des libertés (CNIL). Avant l'entrée en vigueur du règlement général sur la protection des données personnelles (RGPD), la CNIL avait déjà engagé des mesures correctrices à l'encontre d'Uber. En 2016 et 2017, le contrôle de la CNIL s'est conclu par une amende de 400 000 euros concernant les données collectées par les chauffeurs, le traitement de celles des clients et les aspects sécurité. Comme l'a expliqué Mathias Moulin : « Depuis l'entrée en vigueur du RGPD, les demandes sont traitées au sein d'un guichet unique, lequel procède à la répartition entre l'autorité cheffe de file, dont la juridiction est celle du lieu d'implantation de l'établissement principal de la société, et les autres autorités concernées – parmi lesquelles, en l'espèce, la CNIL. L'établissement principal d'Uber étant aux Pays-Bas, c'est l'autorité néerlandaise qui a compétence sur le système de traitement transfrontalier des données au sein de l'Union européenne. »

Comme pour la question fiscale, la CNIL doit donc effectuer ses investigations et ses instructions de plainte en coopération avec les autorités néerlandaises, ce qui allonge considérablement les procédures. À la fin, il revient à l'autorité néerlandaise de prononcer les sanctions. Cent chauffeurs VTC ont adressé une plainte à la CNIL sur trois sujets, « la qualité de l'information fournie et les modalités d'exercice des droits ; le transfert des données hors de l'Union européenne ; et la prise de décision automatique de déconnecter certains chauffeurs en raison de leur notation ou d'une suspicion de fraude. (...) Les plaintes formées sur ce fondement mettaient en cause la qualité des informations délivrées, la difficulté d'y avoir accès du fait d'un parcours complexe mais aussi l'incomplétude des réponses fournies et le fait que certaines d'entre elles n'étaient délivrées qu'en anglais. Plus généralement, la nature des données communiquées, leur format et leur incomplétude posaient problème ».

Les procédures ont déjà eu, selon le secrétaire général adjoint de la CNIL, une première efficacité : « À la suite des investigations, Uber s'est ainsi mis en conformité en revoyant l'ensemble de son processus d'information et en le rendant entièrement disponible en français. Les différents points à l'origine des plaintes ont donc été résolus au fil de l'instruction. » Néanmoins, la procédure est si longue qu'elle n'est toujours pas aboutie. La problématique de la protection des données en cas de transfert hors de l'Union européenne révèle un niveau insuffisant de protection. Pour Uber, le traitement des données se fait aux États-Unis. Ces derniers peuvent ainsi obtenir des informations stockées en Europe, ce n'est pas un petit sujet !

Concernant les déconnexions – qui est une bataille centrale des chauffeurs VTC –, la Cour néerlandaise a rendu une décision qui leur est plutôt favorable : « La juridiction a en effet considéré que les dispositifs de déconnexion avaient un impact significatif sur les personnes visées et que, même s'il y avait intervention humaine, il ne suffisait pas que quelqu'un procède à une vague vérification depuis un bureau à Cracovie pour considérer qu'il ne s'agissait pas d'un processus entièrement automatisé. En conséquence, elle a considéré que ce régime de décision automatisée ne répondait pas aux critères du RGPD. »

L'audition ne nous a pas permis de savoir si les gouvernements s'étaient penchés sur le problème de la lenteur des procédures pour tenter d'y remédier. Mais si le responsable de la CNIL n'en a dit mot, c'est qu'il est fort probable qu'ils ne s'en soient pas préoccupés le moins du monde ! La captation des données, à l'heure des enjeux de l'intelligence artificielle, est pourtant une question centrale des plateformes numériques !

Les données des *Uber Files* font souvent référence à la Direction générale de la concurrence, de la consommation et de la répression des fraudes (DGCCRF). La commission d'enquête a ainsi auditionné son ancienne directrice générale, en exercice à ce poste au moment des faits, Mme Nathalie Homobono. Cette administration aurait mené plusieurs contrôles de la société Uber. Mais, comme elle nous l'a confirmé, elle n'a jamais eu recours aux pouvoirs extraordinaires dont elle dispose – à savoir de réelles perquisitions. Pourquoi ?

J'ai pu découvrir des notes internes qui l'expliquent. Une première de la DGCCRF pour le ministre, datée du 7 mai 2014, est en effet très instructive : « Le potentiel de création d'emplois liée à l'activité des VTC est significatif au regard du développement et des nouveaux besoins de mobilité en zone urbaine [...]. Les comparaisons internationales permettent [...] d'estimer un potentiel de 50 000 conducteurs supplémentaires (et donc autant d'emplois) sur la seule zone de la métropole du Grand Paris [...]. » La note conclut que « certaines propositions du rapport "Thévenoud" appellent des réserves car elles risquent de ralentir le développement des VTC sans aucun gain économique ». Au nom de la création d'emplois, la DGCCRF semble avoir modéré ses pouvoirs de contrôle... Le 13 novembre de la même année, un SMS de Mark MacGann nous informe que, lors de ses échanges avec Emmanuel Lacresse, le ministre de l'Économie avait donné instruction à son cabinet de discuter avec la DGCCRF afin qu'ils soient « moins conservateurs dans leurs approches »... Comme je m'y attendais, l'ancienne directrice nie avoir reçu toute directive en ce sens de la part du ministre...

Le contrôle de l'administration fiscale aurait commencé dès 2010, selon M. Jerôme Fournel, directeur général des finances publiques également auditionné par la commission d'enquête. « Dans le cas d'Uber, notre premier défi a consisté à obtenir des informations et à éviter qu'Uber ne crée une économie « grise » ou « noire » échappant à la fiscalité, que ce soit au niveau de la part des commissions d'intermédiation devant être assujettie à la TVA ou au niveau des revenus des chauffeurs. (...) Au regard du faible volume d'informations à notre disposition, nous avons rapidement engagé des perquisitions fiscales. »

Mais là, pas de chance, une erreur dans la procédure engagée en 2015 a empêché la DGFIP d'aller au bout de la démarche du contrôle fiscal : « En l'espèce, nous avons été censurés sur notre procédure de perquisition fiscale au sein d'Uber par une décision de justice défavorable à la DGFIP. Ce type de procédures est fortement encadré. Or, une erreur avait été commise. Précisément, un représentant de l'entreprise doit être présent lors de la perquisition fiscale. Or, le procès-verbal dressé par les enquêteurs n'en mentionnait aucun. »

Et depuis ? Hélas, prétextant le secret fiscal, le directeur a estimé ne pas pouvoir nous donner de plus amples précisions sur les démarches en cours. Comme Uber – et c'est le cœur de sa stratégie d'optimisation fiscale – prétend n'avoir en France qu'une entreprise de marketing, les profits partant directement aux Pays-Bas, sans omettre d'autres transferts dans les paradis fiscaux, il me semblait essentiel de comprendre les contrôles multilatéraux menés par les administrations de différents pays concernés. Le directeur de la DGFIP a bien expliqué que, « pour l'attribution du lieu de taxation de l'activité, c'est-à-dire la France ou l'étranger, il s'agit généralement d'un jeu à somme nulle. Nous devons donc trouver un accord avec nos partenaires. Cet impératif s'applique aussi bien aux contrôles multilatéraux des profits qu'aux accords préalables sur les prix de transfert, ces accords étant couramment demandés par les entreprises du secteur numérique afin de se sécuriser ». Mais Uber avait négocié une fiscalité des plus avantageuse avec les Néerlandais, comment donc, concrètement, cela se passe-t-il ? La DGFIP a-t-elle réussi à évaluer le manque à gagner pour l'État ? De quelle stratégie s'est-elle dotée pour y recouvrir ? Quelle impulsion le ministère (et donc le ministre !) a-t-il donnée à son administration en la matière ? La réponse du directeur est limpide – et plus que préoccupante : « La DGFIP n'[avait] reçu, à [sa] connaissance, depuis 2013, aucune directive émanant de ses ministres de tutelle ou de leur cabinet concernant ces plateformes. » On ne saurait être plus clair. On comprend qu'Uber ne se gêne pas, *a priori*, pour poursuivre sa stratégie d'optimisation et d'évasion fiscales vu l'absence de volonté politique de s'y attaquer !

L'enquête se poursuit sur ce qui représente selon moi le cœur du sujet : la fraude au travail dissimulé en ayant recours, de fait, à de faux indépendants. L'audition du président de la chambre sociale de la Cour de cassation avait été très éclairante. Le contrat de travail n'est pas défini par le Code du travail. C'est la jurisprudence qui a permis d'aboutir à une définition, et du statut du salariat, et du statut d'indépendant. Voici ses explications :

« La qualification du contrat de travail [...] est un contrat par lequel une personne physique (le salarié) s'engage à exécuter un travail sous la subordination d'une personne physique ou morale (l'employeur) en échange d'une rémunération. L'un des critères essentiels est celui du lien de subordination du salarié à l'égard de son employeur. Il permet de distinguer le contrat de travail d'une prestation exercée en tant que travailleur indépendant. Le lien est principalement juridique et pas seulement économique. La définition du lien de subordination a été posée par un arrêt Société générale assez ancien, datant de 1996. Le lien de subordination est l'exécution d'un travail sous l'autorité d'un employeur qui a, premièrement, le pouvoir de donner des ordres et des directives, deuxièmement, le pouvoir d'en contrôler l'exécution et troisièmement, celui de sanctionner les manquements de son subordonné. Dans cet arrêt de 1996, apparaît aussi ce qui est à la fois un critère et un indice : le “travail dans un service organisé” lorsque l'employeur détermine unilatéralement les conditions d'exercice du travail. C'est un critère subsidiaire, organisationnel, qui complète les autres. La jurisprudence retient enfin que la qualification de la relation contractuelle ne repose pas sur les termes mêmes du contrat. L'existence d'une relation de travail salariée ne dépend ni de la volonté exprimée par les parties ni de la dénomination que celles-ci ont donnée à leur convention mais des conditions de fait dans lesquelles a été exercée l'activité professionnelle. »

Ce n'est donc pas parce que les travailleurs ubérisés souhaiteraient être indépendants, ce qui est contestable, qu'à l'arrivée ils le sont. Ce sont les faits qui caractérisent si on est réellement indépendant ou dans une relation de subordination.

Pour distinguer le travail indépendant du travail salarié, « le juge recherche généralement un faisceau d'indices [...]. La distinction entre fait et droit, dans ce cas, qui est un élément cardinal du travail de la Cour, s'estompe quelque peu. La désactivation d'un compte, le choix des horaires de travail, la géolocalisation, le libre choix de l'itinéraire, des clients, l'évaluation et la notation, la comptabilisation des kilomètres parcourus, le port d'une tenue imposée au travailleur, la tarification, la mise à disposition du matériel, des clauses de non-concurrence, l'interdiction d'un pourboire, etc. sont autant d'indices qui doivent être recherchés ». Ensuite, les éléments de fait sont confrontés aux catégories que j'ai énumérées auparavant. La qualification d'une relation contractuelle n'est donc pas une mince affaire. « En l'état actuel du droit, il appartient au travailleur de démontrer l'existence du contrat de travail, étant précisé que lorsque celui-ci est immatriculé au registre du commerce et des sociétés, au répertoire des métiers ou auprès de l'Urssaf, il est présumé être un travailleur indépendant et n'est pas soumis au Code du travail », comme prévu par l'article L. 8221-6 dudit Code.

Depuis 2018, plusieurs décisions de justice ont conduit à la requalification en salariés des travailleurs indépendants des plateformes, comme le résume le rapport de la commission d'enquête : « Le premier exemple de ce type fut l'arrêt du 28 novembre 2018 concernant la plateforme Take Eat Easy, cassant la décision de la cour d'appel qui avait rejeté la demande de requalification de la relation contractuelle en contrat de travail ; la Cour a ainsi jugé qu'au regard des éléments de fait relevés par les juridictions du fond, ces dernières auraient dû retenir l'existence d'un contrat de travail. La société Uber a elle-même été concernée par deux décisions rendues en dernier ressort : un arrêt du 4 mars 2020 rendu en formation plénière, qui a fait l'objet d'une communication large, approuvant l'arrêt de la cour d'appel de Paris qui avait retenu l'existence d'une relation salariée entre un travailleur et la société Uber BV ; ainsi qu'un arrêt récent du 25 janvier 2023, en formation restreinte, cassant un arrêt de la cour d'appel de

Lyon rejetant la demande de requalification de la relation contractuelle en contrat de travail ».

Comment la Direction générale du travail (DGT) fait-elle respecter l'État de droit à Uber et aux autres plateformes, qui plus est depuis ces décisions de justice ? Avant cette audition tant attendue et essentielle, j'avais interpellé, le 28 février 2023, le ministre du Travail Olivier Dussopt lors d'une séance de questions d'actualité au gouvernement sur l'affaire du jugement de 2022 du tribunal administratif. En mai 2020, le syndicaliste VTC Brahim Ben Ali sollicite l'inspection du Travail pour un contrôle d'Uber sur la santé au travail dans le contexte de la crise sanitaire et du confinement. L'inspectrice sollicitée s'était déclarée incompétente, les chauffeurs VTC étant des indépendants. Le 30 novembre 2022, le tribunal administratif a estimé que l'inspectrice était en tort et a enjoint à l'inspection du Travail de contrôler l'entreprise. Le ministère du Travail a fait appel de cette décision ! Le ministre s'est alors justifié de cet appel comme relevant d'une nécessaire protection de l'inspectrice. Mais il apparaît évident qu'il s'agit bien plus d'une protection des plateformes !

L'audition de la DGT commence avec Mme Annaïck Laurent, directrice générale adjointe du Travail et M. Pierre Ramain, directeur général du Travail. Après un très long exposé sur le fonctionnement de l'administration, les principes d'indépendance et de libre décision des inspectrices et inspecteurs du Travail relevant des conventions de l'Organisation internationale du travail (OIT), le binôme de direction a présenté le contrôle des plateformes sur l'existence, ou non, d'un lien de subordination entre les travailleurs et les plateformes. Les actions en ce sens ont été menées dès 2015. Ce travail ferait partie des priorités d'action de la DGT. La directrice adjointe a pu exposer le caractère chronophage des procédures de contrôle, les moyens humains importants qu'elles exigent, la distinction entre procédure pénale et civile, leur durée, etc.

La Direction générale du travail estime manquer de moyens humains. Ses ministres successifs ont-ils pris en compte ce constat et augmenté les effectifs d'inspectrices et d'inspecteurs du Travail ? En 2021, seulement 1 808 agents de contrôle exerçaient encore leurs missions sur le terrain en section d'inspection et 146 agents en unité régionale, soit une perte sèche de plus de trois cents agents de terrain en dix ans, équivalant à 20 % des effectifs ! Il faut noter que ces chiffres ne donnent pas à voir la réalité des taux de vacances sur certains territoires, pouvant monter à 41,18 % en Corse et plus de 20 % en Guyane et en Centre-Val-de-Loire. On comprend, dans ces conditions, à quel point il peut être compliqué, voire raisonnablement impossible, pour des agents affectés en section d'inspection à l'échelon départemental, d'investir efficacement une problématique aussi complexe et nationale que celle des faux statuts des travailleurs des plateformes numériques. Le patronat des plateformes peut dormir sur ses deux oreilles…

La directrice générale adjointe du Travail a néanmoins fièrement exposé que « le plan national d'action 2020-2022 a explicitement fixé un objectif de lutte contre le travail illégal et notamment les faux statuts. Cet objectif est par ailleurs repris dans le plan national 2023-2025 et a en outre été intégré dans le plan national de lutte contre le travail illégal (PNLTI), lequel est un plan interministériel ». Alors, rassurés ? Pas le moins du monde. Si des inspectrices et des inspecteurs ont pu effectuer un travail remarquable, notamment dans le dossier Deliveroo, il le fut à leur seule initiative. J'ai sollicité les observations du syndicat national du travail, de l'emploi et de la formation professionnelle de la CGT. Le constat est accablant : c'est celui d'une inertie totale de la direction de la DGT face au piratage du Code du travail auquel s'est livré Uber. Si le PNLTI de 2020 (soit plus de cinq ans après les premières actions de contrôle contre Uber pour travail dissimulé !) fixe un objectif de lutte contre le travail illégal – dont les faux statuts –, « la lutte contre les abus générés par les plateformes numériques n'a fait l'objet d'aucune campagne d'action spécifique » ! Aucun accompagnement méthodologique, aucune formation, aucune fiche à jour des évolutions juridiques, aucun plan de contrôle particulier ! « Les inspecteurs du Travail sont bien seuls face aux multinationales qui exploitent ces plateformes [...]. Les seuls contrôles qui ont abouti sur ce sujet ont été diligentés à l'initiative des agents de contrôle, sans impulsion de l'institution. » Qui plus est, les inspecteurs et inspectrices sont rattaché.e.s à un secteur géographique alors qu'un contrôle de ces plateformes justifie un plan de contrôle national. M. Pierre Ramain, directeur général du Travail, a fini par reconnaître que « le sujet Uber n'[avait] pas fait l'objet d'un traitement spécifique au sein de la Direction générale du travail ». La première plateforme – et la plus emblématique – faisant travailler sous statut d'indépendant, Uber, n'a donc jamais été réellement inquiétée par le ministère du Travail et la Direction générale du travail, du moins du côté de sa direction administrative hiérarchique ! Est-ce le résultat de l'existence même de notre commission d'enquête ? J'ai pu découvrir, dans la dernière édition du PNLTI publiée le 22 mai 2023, que, pour les années 2023 à 2027, « la sous-traitance irrégulière et le recours aux faux statuts dans le cadre des plateformes numériques » apparaît explicitement comme un objectif prioritaire, pour la première fois !

M. Alain Vidalies, ancien secrétaire d'État chargé des Transports, de la Mer et de la Pêche, avait bien résumé le scandale au cours de son audition : « Il n'est pas acceptable que les pouvoirs publics assistent en spectateurs à un démembrement général du Code du travail. En effet, le coût général pour la société en termes de perte de cotisations, de situations sociales à compenser par d'autres politiques et de cohésion se pose. »

Alors, combien la fraude aux faux indépendants coûte-t-elle à l'Urssaf? Les gouvernements libéraux successifs, toujours prompts à dénoncer les fraudes sociales, ne pointent jamais les fraudes côté employeurs. Se sont-ils préoccupés de cet immense manque à gagner dans les caisses de la Sécurité sociale constitué par ces fraudes au paiement des cotisations sociales patronales ? Quelles sont les opérations de contrôle initiées par l'Urssaf contre Uber ?

Pour en apprendre davantage, nous avons auditionné M. Yann-Gaël Anghar, directeur général de l'Urssaf. Comme pour l'inspection du Travail, les opérations de contrôle sont très longues et exigent d'enregistrer les témoignages d'un nombre suffisamment représentatif de travailleurs. Le directeur de l'Urssaf lors de l'audition a bien expliqué que « certains de ces contentieux auront une dimension pénale : le procès pénal se tient avant le procès civil ; or le juge pénal a une exigence plus forte en termes d'administration de la preuve. Tout cela concourt à allonger le contrôle. (…) il est arrivé que le juge rejette la requalification de contrats pour un motif de défaut de preuves ». L'Urssaf est donc « contraint[e] de [se] montrer très scrupuleuse dans ces contrôles, ce qui [la] conduit à mobiliser de nombreux agents dans des procédures très longues. (...) l'activité des plateformes étant massive, les contrôles de l'inspection du Travail demandent, comme les nôtres, beaucoup d'énergie car ce service doit également recueillir énormément de témoignages pour apprécier l'opportunité de requalifier des contrats en contrats salariés et apporter la preuve soutenant ses conclusions ; un grand nombre d'agents consacrent donc beaucoup de temps à ces contrôles ».

Le directeur a ensuite décrit toute la procédure de contrôle d'Uber réalisée en 2015 : ce contrôle « a reposé sur des auditions de chauffeurs et sur un certain nombre de pièces récupérées auprès de la société. Ces éléments ont amené l'Urssaf à requalifier la relation entre celle-ci et les chauffeurs en salariat pour la période allant du 1er janvier 2012 au 30 juin 2013. Cela s'est traduit par une lettre d'observation adressée à la société en septembre 2015 et une mise en demeure en février 2016, pour un montant de près de 5 millions d'euros ». Cependant, « l'entreprise a fait un recours devant le tribunal des affaires de sécurité sociale (TASS), qui a rendu une décision défavorable pour l'Urssaf fin 2016 pour des motifs formels. [L'Urssaf a] fait appel de cette décision et, en avril 2021, la cour d'appel de Paris a annulé la mise en demeure, donc le contrôle, là encore pour un motif formel, la mise en demeure ne comportant pas de manière expresse la mention du délai imparti de trente jours, donné à l'entreprise pour régulariser sa situation et se contentant de faire référence à l'article du Code de la Sécurité sociale fixant ce délai ».

Quelle malchance ! C'est ballot, ces erreurs formelles qui ont provoqué le rejet des recours de l'Urssaf tant en première instance qu'en appel. Mais pourquoi l'Urssaf n'a pas lancé une nouvelle procédure ? Comment expliquer cette passivité alors même que, sur le fond, l'organisation savait que la victoire était au bout de la procédure si celle-ci était correctement engagée ? Il faut attendre 2020 pour que l'Urssaf Île-de-France soit saisie, avec l'Office central de lutte contre le travail illégal, d'une nouvelle enquête pour travail dissimulé concernant Uber. L'enquête et la procédure étant en cours, nous n'avons pas pu en savoir plus. Mais pourquoi tout ce temps perdu ?

Aucune des deux instances que sont l'Urssaf et la DGFIP n'a été capable de transmettre une évaluation du manque à gagner, à la fois dans les caisses de l'État si Uber payait ses impôts en France au prorata du chiffre d'affaires réellement réalisé dans l'Hexagone, mais aussi dans les caisses de la Sécurité sociale si ses travailleurs devenaient salariés de l'entreprise. Aucune évaluation n'a été réalisée. C'est en soi inacceptable.

Une note de l'Observatoire du travail dissimulé rattaché au Haut Conseil du financement de la protection sociale, datée de novembre 2022, insiste sur « le caractère toujours très fraudogène de la microentreprise, la part de cotisations éludées associée à ce mode d'exercice professionnel étant évaluée entre 17 % et 26 % des cotisations dues (soit un manque à gagner estimé entre 1 milliard et 1,5 milliard d'euros en 2021), avec une forte prévalence du secteur de la construction. Les microentrepreneurs utilisateurs de plateformes se caractérisent par un taux de cotisations éludées extrêmement important – en moyenne de 43 % –, particulièrement intense dans les secteurs des VTC (62 %) et de la livraison (58 %) ». Depuis 2018, le Code général des impôts prévoit l'obligation pour les plateformes d'adresser annuellement à l'administration fiscale un document récapitulant l'ensemble des opérations réalisées par les utilisateurs. Les données ainsi collectées par la DGFIP sont transmises à l'Urssaf. On comprend bien que la volonté de contrôle s'exerce d'autant plus sur les autoentrepreneurs que sur les plateformes ! Avec ces données, l'Urssaf pourrait sans difficulté évaluer le manque à gagner pour la Sécurité sociale de l'abus par les plateformes de faux indépendants et de fraude aux cotisations sociales !

Le 26 janvier 2023, le journaliste Pierric Marissal du journal *L'Humanité* avait fait une estimation en la matière : « Pour la Sécu et son régime des retraites, le manque à gagner est considérable. Si tous ces travailleurs de plateformes – nous avons évalué leur nombre à 300 000 – au contestable statut d'indépendant étaient requalifiés en salariés et rémunérés au Smic, leurs cotisations abonderaient nos systèmes de solidarité nationale de 1,45 milliard d'euros par an. (…) La rentrée d'argent serait même bien plus conséquente si les rémunérations au Smic (20 511 euros bruts au 1er janvier 2023) ne voyaient pas “en même temps” leurs cotisations patronales plafonnées à 2,3 %, cette exonération participant aussi de l'assèchement des financements de la Sécurité sociale et de notre assurance chômage. Avec un barème “normal” de cotisations patronales (34,06 %), le gain pour la solidarité nationale de salarier ces travailleurs s'élèverait alors à 3,4 milliards d'euros, dont 951 millions d'euros pour les seules caisses de retraite. »

L'insuffisance de l'action de l'État à faire respecter le droit du travail relève bien d'un choix politique assumé : celui de s'attaquer au salariat et à notre protection sociale héritée du Conseil national de la Résistance. D'ailleurs, devant la commission des affaires sociales, lors d'une audition en juin 2023 sur la mise en place de France Travail, interrogé par mon collègue et camarade François Ruffin, Olivier Dussopt avait déclaré : « Nous avons un désaccord sur la manière de créer des droits pour les auto-entrepreneurs et les indépendants. Vous faites le choix de la présomption de salariat, alors que nous avons plutôt fait celui de la présomption d'indépendance – je fais le lien avec le travail des plateformes – qui produit ses premiers effets. »

Peu importent, pour le ministre du Travail, les décisions prud'hommales et de la Cour de cassation concernant les travailleurs des plateformes d'emploi : Dussopt défend la présomption d'indépendance. Peu importe ce que dit la justice, Dussopt a choisi de défendre les plateformes.

L'ubérisation : le cheval de Troie contre le salariat ?

Dans quels secteurs et dans quelles proportions, au-delà des VTC et des livreurs, l'ubérisation s'est-elle étendue ? Nous ne disposons d'aucune étude publique à ce sujet. En tant que rapporteure, je demande naturellement à l'INSEE le nombre, le profil socio-économique et les conditions de travail des travailleurs des plateformes et leur évolution sur la période 2013-2023. Réponse : on ne sait pas ! « Très présent dans les médias, le travail de plateformes digitales est mal mesuré statistiquement : on quantifie mal en France et dans le reste du monde le nombre d'emplois concernés, et moins encore les conditions de travail des personnes concernées. Ces difficultés de mesure ne sont pas seulement dues à la relative nouveauté des plateformes de mise en relation. Elles tiennent aussi à des problèmes plus fondamentaux. D'une part car les emplois qui s'y rattachent ne ressemblent pas toujours aux emplois classiques qui font l'objet d'un suivi administratif et statistique. Mais surtout, il n'existe pas de définition statistique du travail de plateforme. [...] en termes statistiques, il faut préciser ce contour et il n'y a pas de définition internationale qui ait fait consensus. [...] Les chiffres de l'emploi lié aux plateformes souvent cités (en France et au-delà) sont issus d'enquêtes en ligne, rapides et peu coûteuses à mettre en œuvre. Cependant, bien que la méthodologie ne soit pas toujours clairement exposée, le caractère commun à ces différentes enquêtes est de s'appuyer sur des panels en ligne, sans échantillonnage aléatoire, dont les répondants sont des volontaires rémunérés pour répondre : ils sont eux-mêmes, par construction, des microtravailleurs (autrement dit des travailleurs acceptant des microtâches numériques ne pouvant pas être robotisées, sur des sites comme microtaches.job), biaisant ainsi fondamentalement l'échantillon et donc la mesure. Ces enquêtes donnent ainsi des taux très élevés de travail de plateforme, au regard des autres sources, et surreprésentent le microtravail par rapport aux chauffeurs ou aux livreurs. Les enquêtes plus classiques, en population générale (comme l'enquête Emploi) peuvent permettre de recueillir des informations plus représentatives sur ces emplois. Cependant, la mesure de l'emploi lié aux plateformes dans une enquête par questionnaire se heurte aussi à des obstacles. »

Je comprends par cette réponse de l'INSEE qu'il n'y a pas eu, au sein de l'appareil d'État, de réflexion (et de volonté ?) sur la manière dont pourraient être recueillies des données pertinentes sur le développement des plateformes. J'ai pu avoir accès à une note interne du ministère de l'Économie, datée du 15 septembre 2020, qui fait référence à une étude « sur les gisements d'emplois liés aux plateformes numériques » réalisée en 2019 par un cabinet de conseil. Mais je n'ai pas pu savoir si cette note avait été commandée par le ministère ou pas, et je n'ai pas pu y avoir accès.

Quel paradoxe : les défenseurs du modèle Uber comme Emmanuel Macron ne cessent de mettre en avant les créations d'emplois mais aucune étude statistique fiable n'existe pour en évaluer la réalité ? En revanche, quand les gouvernements successifs vantent la reprise économique au travers des nombreuses créations d'entreprises, ils se gardent bien de préciser la part des autoentrepreneurs. Ces derniers, loin de créer en soi des entreprises qui embaucheront peut-être ultérieurement, ne créent que leur propre statut, et pour une part d'entre eux dont on aimerait connaître le nombre, travaillent via une plateforme. Pour l'année 2022, l'INSEE attribue 61 % des créations d'entreprises aux microentrepreneurs. Quand la création d'entreprises augmente de 1,7 % sur l'année 2022, les créations sous le régime de la microentreprise ont augmenté, elles, de 2,8 %.

Afin de connaître le soutien financier accordé aux plateformes, j'ai écrit en tant que rapporteure à la Banque publique d'investissement (BPI). Cette dernière m'a transmis un tableau que je ne peux hélas pas reproduire ici, du fait de l'obligation, précisée par les administrateurs de l'Assemblée nationale, de se conformer aux contraintes liées au respect du secret bancaire. Un tel secret bancaire pour de l'argent public est scandaleux !

Ces soutiens ne sont pas négligeables puisqu'ils s'élèvent, depuis 2013, à près de 8,5 millions d'euros en prêts et avances divers et à près de 500 000 euros en subventions.

Dans quels délais et avec quels contrôles ces prêts et ces avances sont-ils réellement remboursés ? Le courrier de la BPI ne l'a pas précisé… Cette opacité me rappelle celle de la Ville de Paris pour ses financements au titre de l'innovation à nombre de start-up sans que les conseillers de Paris aient jamais accès à de réelles études d'impacts et d'évaluations.

J'aurais souhaité pouvoir auditionner chacune des plateformes ainsi soutenues financièrement par l'argent public. Il s'agissait de Frichti, Brigad, Mediflash, StaffMe, Transopco France. Dans cette liste, la commission n'a pu auditionner que StaffMe et Mediflash.

Concernant Frichti, il faut savoir que, après la liquidation de Getir – dont elle est une filiale française –, la plateforme s'est retrouvée à son tour en sursis. Le tribunal de commerce de Paris a décidé de prolonger la procédure de redressement judiciaire. C'est finalement sa concurrente La Belle Vie qui l'a rachetée en septembre 2023. Les livreurs ont été informés, quelques jours avant seulement, que c'était fini pour eux. À leur demande, j'étais allée les soutenir à Montreuil. Pas de plan de sauvegarde de l'emploi, pas d'indemnités, pas de droits au chômage. Rien. Sans contrat de travail, ils se sont retrouvés, du jour au lendemain, sans rien. Leur contrat commercial, du fait de leur ancienneté, imposait à la plateforme Frichti qu'ils soient informés au moins un mois à l'avance de l'arrêt de l'activité. Même cette obligation n'a pas été respectée. Frichti va-t-elle rembourser les aides obtenues, ou bien est-ce La Belle Vie, qui l'a rachetée ? Je crains de connaître la réponse…

Pour Brigad, on peut se demander s'il ne s'agit pas d'une mise en concurrence avec les entreprises d'intérim, via le recours au statut d'autoentrepreneur quand les agences, elles, salarient. Brigad propose en effet de mettre en relation des autoentrepreneurs pour des missions ponctuelles, en particulier dans l'hôtellerie-restauration, alors même que ce secteur présuppose un lien de subordination.

Brigad a, par ailleurs, profité de la crise sanitaire pour s'élargir à la santé et au médico-social, activités qui sont également le cœur de la plateforme Mediflash. Des autoentrepreneurs ubérisés dans ces secteurs ? C'est en effet une réalité ! Mediflash se présente comme une plateforme de mise en relation entre des soignants indépendants et des établissements de santé, permettant à ceux-ci de proposer des « missions de renfort valorisantes et très bien rémunérées » : « 22 000 professionnels de santé se sont inscrits sur [cette] plateforme et 2 500 ont réalisé des missions grâce à elle, dans plus de 500 établissements » ; « 80 % de nos clients sont des Ehpad ou des maisons d'accueil spécialisées ». La plateforme prend une commission sur les mises en relation allant de 18 % à 22 %. Les cofondateurs de la plateforme nous ont présenté les avantages financiers pour un établissement de santé : « la solution d'une plateforme comme celle de Mediflash est en moyenne 20 % moins chère que l'intérim pour l'établissement de santé » et le soignant « gagne à peu près 20 % à 25 % de plus qu'en intérim ».

Mais la plateforme s'est plainte, lors de son audition, d'un courrier datant du 30 décembre 2021, cosigné par Élisabeth Borne – alors ministre du Travail – et Olivier Véran – alors ministre de la Santé –, à destination des établissements de santé. Ledit courrier les appelait à la vigilance vis-à-vis des plateformes proposant la mise en relation avec des professionnels paramédicaux exerçant sous statut indépendant. Il rappelait que « les conditions d'exercice de certaines professions réglementées du secteur de la santé font obstacle à l'exercice même de ces activités sous un statut d'indépendant », en particulier pour les aides-soignant.e.s, qui ne peuvent « exercer seul.e.s, sans contrôle ou responsabilité d'un infirmier diplômé d'État » et ne peuvent « exercer qu'en établissement ou en service à domicile à caractère sanitaire, social ou médico-social » ; « malgré le fait qu'une profession médicale ou paramédicale puisse être exercée sous statut libéral, à l'instar des infirmiers diplômés d'État, l'exercice de ces professionnels en tant que travailleur indépendant au sein des établissements de santé ou médico-sociaux peut tomber sous le coup de la qualification de travail dissimulé », puisque « un travailleur indépendant doit disposer d'une marge d'autonomie dans l'exercice de ses fonctions, caractérisée notamment par la liberté de choix de ses horaires de travail, l'utilisation de son propre matériel ou le fait de pouvoir développer une patientèle propre ». Magnifique courrier ! Les responsables de Mediflash se sont également plaints que, « depuis janvier 2023, de nombreux contrôles de l'Urssaf et de la Direction régionale de l'économie, de l'emploi, du travail et des solidarités (DREETS) ont été diligentés dans des établissements utilisateurs de Mediflash », « une cinquantaine de contrôles » ayant eu lieu le même jour, « avec une centaine d'agents mobilisés » dans quatre départements. Selon eux, ces contrôles ont eu pour conséquence que « certains établissements ont pris peur et ont préféré suspendre leur collaboration ». Mais très bien ! Même si on ne peut que regretter le délai si long entre le courrier des ministres de décembre 2021 et les opérations de contrôle en janvier 2023.

Durant l'audition de la Première ministre, je l'ai félicitée, à son grand étonnement, pour ce courrier et les actions de contrôle diligentées par la suite. Je lui ai également demandé comment elle expliquait le soutien financier de la BPI à cette plateforme qui propose une mise en relation à la légalité contestable. Elle s'est retournée vers ses collaborateurs et, manifestement, personne autour d'elle n'était au courant… Cette audition avait été assez compliquée : le président avait pris un long temps, manifestement volontairement, pour que je n'aie que peu de temps pour questionner Mme Borne. À son issue, j'ai poursuivi l'échange et j'ai demandé ce qui avait été engagé vis-à-vis de Mediflash depuis, et si le gouvernement avait envisagé de faire fermer la plateforme. Sa réponse fut plus qu'étonnante : elle a interrogé ses collaborateurs pour leur dire en substance que ce serait intéressant de se pencher sur le sujet et voir s'il était possible et comment, de faire fermer une plateforme… La Première ministre, ancienne ministre du Travail, ne s'était donc jamais posé la question auparavant !

Mediflash conteste en établissant une distinction entre les notions de responsabilité et de subordination.

Nous avons également auditionné StaffMe. Cette plateforme, créée en mai 2016, met en relation principalement des étudiants et des entreprises pour des missions ponctuelles. Ce service se nomme « StaffMe Freelance ». Elle a également créé un organisme de formation pour les autoentrepreneurs (la « StaffMe Academy », créée en 2019) et un programme d'insertion par le travail indépendant de jeunes éloignés de l'emploi (« l'Accélérateur », créé en 2021, dans le Val-de-Marne puis, en 2023, dans les Bouches-du-Rhône). Depuis son rachat en septembre 2022 par un groupe belge, House of HR, l'un des leaders européens de l'intérim, StaffMe propose également des prestations d'intérim sous le nom de « StaffMe Interim ».

Pour leur défense, ce n'est pas la plateforme qui fixe les tarifs, mais les entreprises qui sollicitent les étudiants. Les prestations sont rémunérées « au minimum 14,4 euros l'heure. Les entreprises ne peuvent donc pas poster des offres en deçà de ce tarif, qui permet une rémunération supérieure de 30 % au salaire minimum de croissance (Smic) après paiement des cotisations sociales par l'indépendant. La rémunération moyenne constatée sur la plateforme est autour de 16 euros l'heure, ce prix étant fixé librement par les utilisateurs de la plateforme ». La durée des missions ne peut excéder trois mois. Au-delà, l'entreprise et l'étudiant sont invités à négocier un contrat de travail. La plateforme prend 20 % sur chaque prestation. Je reste néanmoins convaincue qu'un contrat de travail salarié serait plus avantageux pour les étudiants, leur permettant notamment de cotiser pour leurs droits à la retraite !

Ce qui semble le plus préoccupant, c'est le programme d'insertion de StaffMe. Voici comment l'équipe a présenté « l'Accélérateur » : « L'EITI est une nouvelle forme de structure de l'insertion par l'activité économique (SIAE), créée par la loi du 5 septembre 2018 pour la liberté de choisir son avenir professionnel. L'EITI permet à des personnes sans emploi, rencontrant des difficultés sociales et professionnelles particulières, d'exercer une activité professionnelle en bénéficiant d'un service de mise en relation avec des clients et d'un accompagnement. La première EITI, qui est à l'origine du modèle même, est Lulu dans ma Rue. Le dispositif EITI, prévu initialement pour une durée de trois ans, a été prolongé jusqu'en décembre 2023. Selon toute vraisemblance, parce que c'est le souhait du gouvernement et des acteurs de l'insertion, cette expérimentation devrait être prolongée ou inscrite dans la loi. Notre EITI s'appelle donc l'Accélérateur et a été conventionnée dès 2021 par la Direction régionale et interdépartementale de l'économie, de l'emploi, du travail et des solidarités (Drieets), pour accompagner 60 équivalents temps plein (ETP). Les bénéficiaires intègrent des parcours d'insertion de vingt-quatre mois maximum qui reposent sur trois leviers principaux : un accompagnement social pour lever les freins à l'emploi avec des travailleurs sociaux salariés de notre structure, qui leur prodiguent un accompagnement via des rendez-vous hebdomadaires et mensuels ; un accompagnement professionnel, en proposant des formations, en les aidant à la rédaction de leur CV (curriculum vitae), en développant leur employabilité ; et une mise en activité à travers la réalisation de prestations ponctuelles via la plateforme de mise en relation StaffMe. Les bénéficiaires sont orientés à 98 % par des prescripteurs dits habilités tels que Pôle emploi (devenu depuis France Travail) ou les missions locales. Parmi les personnes accompagnées, nous comptons 80 % de jeunes de moins de 26 ans, 33 % de demandeurs d'emploi depuis plus de deux ans, 15 % de bénéficiaires du revenu de solidarité active (RSA) et 34 % de personnes peu ou pas qualifiées (niveau inférieur au certificat d'aptitude professionnelle [CAP] ou brevet d'aptitude professionnelle [BEP]). En 2022, 131 bénéficiaires ont été accompagnés. Ils ont réalisé plus de 1 500 prestations, permettant de générer au global 500 000 euros de chiffre d'affaires auprès de 350 entreprises différentes. Parmi les "accélérés" qui ont terminé leur parcours d'insertion, 81 % ont connu des sorties dynamiques qui se matérialisent par des emplois durables (en CDI ou en CDD de plus de six mois) ou des sorties positives (reprises d'études, notamment en alternance). En décembre 2022, nous avons été conventionnés pour lancer une seconde structure à Marseille, avec laquelle nous devons accompagner 30 ETP (Équivalents temps plein). »

Pendant l'audition, les dirigeants de StaffMe ont reconnu avoir fait l'objet de contrôles de l'Urssaf et de l'inspection du Travail, en précisant que « ces contrôles ont simplement donné lieu à des observations, que nous avons corrigées ». Le conseil de prud'hommes de Paris a toutefois condamné StaffMe, dans une décision du 9 janvier 2023, pour travail dissimulé et a requalifié en contrat de travail la relation qui avait lié, entre 2017 et 2019, un travailleur avec un glacier mais aussi avec la plateforme, reconnue coemployeuse. À ce stade, j'ignore si l'entreprise a fait appel. L'avocat du salarié est Me Kevin Mention, nous l'avons auditionné. En octobre 2022, il déclara au journal *L'Humanité*, à propos de cette affaire : « Ce dossier cumule tous les éléments du lien de subordination constitutif du salariat, honnêtement j'en ai rarement vu autant. [...] M. C. avait un planning, une pointeuse devant laquelle il devait se prendre en photo dans l'uniforme fourni. Il était dans les conversations WhatsApp avec son équipe, où on peut le voir, et c'est cocasse pour un indépendant, négocier ses jours de congés. Le supérieur hiérarchique de mon client, avec qui il a travaillé quatorze mois, témoigne qu'il était soumis aux mêmes exigences que tous les autres salariés. » Le journaliste auteur de l'article précisait : « Il y avait aussi subordination envers StaffMe, à qui le travailleur devait justifier toute absence ou tout retard. S'il se voyait attribuer de mauvaises notes par l'entreprise chez qui il réalisait la mission, la plateforme lui refusait l'accès à l'ensemble des offres d'emploi, avec risque à terme d'être déconnecté. En outre, c'est StaffMe qui émettait les factures, et le soi-disant indépendant ne pouvait pas négocier son prix. Si la plateforme continue à assurer qu'elle ne fait pas de l'intérim, elle vient pourtant de se faire racheter, début septembre, par l'un des leaders européens du secteur… Et se présente dans ses communiqués comme “la start-up qui chatouille l'intérim”. »

En octobre 2023, une autre affaire éclate concernant StaffMe. Un travailleur, sous statut d'autoentrepreneur, demande aux prud'hommes la requalification en salarié de son contrat le liant à la plateforme. Il a travaillé comme caissier à Monoprix pendant tout le confinement, plus de soixante-dix heures par semaine ! À ce moment-là, il n'y avait ni gel hydroalcoolique, ni gants, ni masques, ni vitres de protection. Les salariés de Monoprix faisaient valoir leur droit de retrait. L'entreprise a donc fait appel à la plateforme pour permettre aux magasins de rester ouverts. Ce recours permettait donc d'échapper aux exigences légitimes des travailleurs !

M. Édouard Bernasse, secrétaire général du Collectif des livreurs autonomes de Paris (CLAP), nous avait bien éclairés lors de son audition sur l'EITI « l'Accélérateur » lancée par StaffMe : « Connaissez-vous l'entreprise d'insertion par le travail indépendant (EITI) ? C'est un statut qui résulte d'un lobbying relativement intense mené en 2018 dans le cadre de l'adoption de la loi Pénicaud pour la liberté de choisir son avenir professionnel. Le fondateur de "Lulu dans ma rue" et celui de StaffMe avaient particulièrement influencé les pouvoirs publics pour l'instauration de ce statut qui permet à une société de se protéger de toute requalification en justice en invoquant l'argument de l'insertion par le travail indépendant. Or la loi impose certaines conditions pour avoir ce statut et nous savons que l'administration du travail avait mis son veto pour que StaffMe l'obtienne, rappelant que l'insertion se fait à long terme alors que le travail sur une plateforme est à court terme. Une des conditions prévues par la loi pour l'obtention de ce statut était d'employer des personnes chargées d'accompagner ces travailleurs indépendants dans leur insertion. Le salariat ne fait pas partie du vocabulaire de ces plateformes. Néanmoins, nous savons que StaffMe a établi un partenariat relativement privilégié avec Mme Pécresse et la Région Île-de-France. Le préfet de région avait alors mis la pression à l'administration du travail pour que l'entreprise obtienne ce statut d'EITI, lui permettant ainsi de se protéger contre les requalifications. Ce statut lui permettait d'anticiper la question des sans-papiers et donc de se prémunir contre d'éventuelles condamnations pour travail dissimulé. Il s'agit d'un exemple assez flagrant de la bienveillance de certaines personnes du gouvernement à l'égard des plateformes françaises. »

Les EITI, en tant que structures d'insertion par l'activité économique, reçoivent de l'argent public, alors même que leurs travailleurs sont placés sous un statut indépendant, pour des missions qui devraient relever *a minima* de l'intérim salarié ! Or, si l'EITI n'était au départ qu'une expérimentation prévue pour durer trois ans, elle a été reconduite pour deux années supplémentaires en loi de finances pour 2022. La reconduction de cette expérimentation est à craindre à l'occasion de l'examen du projet de loi France Travail pour le plein emploi. Une fois de plus, l'objectif politique est de contourner le statut de salarié et de précariser les travailleurs concernés.

D'ailleurs, côté Pôle emploi, le service public s'était déjà fourvoyé à faire la promotion du statut d'autoentrepreneur en participant directement aux campagnes de recrutement d'Uber. Lors de son audition, M. Sayah Baaroun, secrétaire général du syndicat des chauffeurs privés, avait décrit l'accompagnement de Pôle emploi au processus de recrutement de certains chauffeurs de VTC : « Le candidat [Macron] et tous les ministères nous répondaient que nous étions des jeunes de banlieue sans avenir et que travailler pour quatre ou cinq euros l'heure était mieux que rien. Cette croyance était d'ailleurs très forte au niveau de l'État et je pense que c'est toujours le cas. À l'époque, cet écosystème faisait la tournée des banlieues avec le bus "70 000 entrepreneurs" afin de convaincre des jeunes de banlieue crédules de s'engager dans ce système de plateformes pendant trois ou quatre ans. En 2015 et 2016, le bus "70 000 entrepreneurs" circulait dans les banlieues. Lorsque vous entriez dans ce bus, un comptable vous indiquait qu'il pouvait vous ouvrir votre société gratuitement à condition que vous vous engagiez pour trois bilans avec lui, pour 1 500 euros par an. Ensuite, un loueur de leasing vous proposait de vous trouver un véhicule pour cinq ans au meilleur prix. Enfin, le centre de formation indiquait qu'il pouvait vous former gratuitement et vous amener à l'examen si vous vous engagiez à travailler pour telle ou telle plateforme. À cette époque, l'antenne Pôle emploi de Poissy invitait même des personnes qui cherchaient du travail à s'orienter vers ce bus. Nous leur avons expliqué que ce système était une arnaque car le modèle économique proposé n'était pas viable mais sans succès car nous n'avions rien à proposer à la place. »

Ce soutien de Pôle emploi aux annonces de recrutement des plateformes se poursuit. J'ai sollicité la CGT-Pôle emploi qui a réalisé dix études portant sur les offres diffusées sur le site institutionnel pole-emploi.fr. Comme je le résume dans le rapport : « Ces études ont révélé un pourcentage très important – plus d'une offre sur deux – d'offres frauduleuses inexistantes ou mensongères. Parmi elles, on retrouve des offres d'emploi en statut d'autoentrepreneurs via des plateformes de l'ubérisation. La direction générale de Pôle emploi n'a néanmoins jamais effectué d'enquête. Pour le syndicat, cette absence de contrôle des annonces par Pôle emploi contribue à gonfler artificiellement le nombre d'offres présentées comme disponibles afin de contrôler et de radier toujours plus de chômeurs en alimentant le discours des offres non pourvues. Or une offre d'emploi non salarié n'a pas à être prise en compte par le service public de Pôle emploi et un refus d'une annonce en statut d'autoentrepreneur ne devrait pas être comptabilisée parmi les refus pouvant occasionner des radiations. Cette extension et cette banalisation des “offres d'emplois” en statut d'autoentrepreneur à Pôle emploi révèle à quel point la logique idéologique des plateformes a imprégné le cœur même de ce service public et que, là aussi, aucune impulsion politique n'a exigé de veille particulière vis-à-vis des plateformes. »

Pendant la bataille contre le projet de loi France Travail, intitulé également Plein Emploi, j'ai réussi à faire adopter mon amendement exigeant le contrôle par emploi de la légalité des annonces. Quelques jours plus tard, à l'occasion des auditions préparant la discussion budgétaire Emploi du projet de loi de finances, j'ai pu échanger avec le directeur de Pôle emploi. Il a soutenu l'intérêt pour lui de faire connaître les « offres d'emploi des plateformes ». Il a reconnu qu'il ne savait pas que les démarches en justice de requalification en salarié de travailleurs de plateforme n'avaient aucune incidence directe sur l'ensemble des autres travailleurs de la plateforme. En d'autres termes, pour lui, ce n'est pas problématique que les offres en statut d'autoentrepreneurs des plateformes condamnées pour travail illégal, fraudes à l'Urssaf et qui persistent malgré les décisions de justice, continuent d'être publiées sur le service public de l'emploi !

Le soutien aux plateformes prend donc de nombreuses formes : on le décèle à travers l'absence d'impulsion politique pour contrôler réellement les plateformes, dans les soutiens financiers de la BPI, leur intégration dans les structures d'insertion par l'activité économique et leur validation, de fait, dans les offres d'emploi de Pôle emploi. Il se fait au mépris du droit et des décisions de justice. L'objectif est bien, chaque fois, de promouvoir le statut d'autoentrepreneur contre le statut du salariat.

Cette croissance de l'emploi non salarié a pour conséquence une diminution constante de l'emploi salarié. Ce dernier concernait 91,3 % des actifs en 2008, 89,8 % en 2014 et est descendu à 89 % en 2021. Tout en restant ultra dominant, le salariat est en recul. Les libéraux qui en prédisent la fin sont certes bien loin de leur objectif mais leur stratégie du grand remplacement, du statut de salarié au profit du statut d'indépendant n'est-elle néanmoins pas à l'œuvre ?

Selon la sociologue Marie-Anne Dujarier, le développement des entreprises de l'ubérisation, qu'elle redéfinit comme les entreprises de places de marché utilisant les technologies numériques, ne menacerait pas l'emploi salarié et resterait marginal. Elle appuie ses travaux sur une enquête de l'Institut syndical européen (ETUI) réalisée dans quatorze pays européens qui indique que seulement 1,1 % de la population active peut être classée comme travaillant sur une plateforme numérique. Ses travaux permettent de replacer le développement de ces entreprises de places de marché dans un contexte de politiques libérales en faveur du développement du travail indépendant, bien antérieures. Selon elle : « Les places de marché numériques se trouvent à la croisée de quatre faits sociaux principaux, qui ont chacun au moins un demi-siècle : la construction sociale de la figure du "consommateur roi", l'extension des services aux personnes et aux entreprises, les politiques publiques néolibérales en faveur de l'entrepreneuriat populaire et l'exploitation accrue des privés d'emploi. »

La figure du « client roi », légitime à exiger tout, tout de suite, avec une qualité irréprochable et le pouvoir de noter le travailleur, s'inscrit dans l'évolution du consumérisme, intégrant désormais les services. Ce facteur est étroitement lié au développement, dans le secteur des services, des services domestiques. Le client roi peut dorénavant se payer ses domestiques, dans une économie de la flemme assumée. De fait, l'outil numérique n'a créé ni ces services, ni leur intermédiation, mais en a profondément transformé la forme. L'échange de services s'y réalise dans l'anonymat, à distance, via des algorithmes, et l'activité productive s'exerce à la fois hors du « travail au noir non déclaré » et hors du salariat, hors du Code du travail et des protections sociales. Marie-Anne Dujarier insiste surtout sur l'importance des politiques publiques en faveur de l'entrepreneuriat populaire, qui, depuis les années 1970, « incitent les exclus du marché du salariat à devenir entrepreneurs ». « Ces politiques publiques en faveur de l'entrepreneuriat populaire devancent d'un quart de siècle l'arrivée des "plateformes", c'est-à-dire des places de marché numériques. Celles-ci ne l'ont pas inventée, pas plus qu'elles n'ont précarisé la population active. Elles ont plutôt exploité, à leur bénéfice, la situation de chômage de masse fabriquée par ces politiques, avec le soutien idéologique et matériel de l'État. » La sociologue précise ainsi que, si les entreprises de places de marché exploitent les plus précaires des actifs privés d'emploi, ce ne sont pas elles qui les ont créés. Elles exploitent la situation du marché de l'emploi plus qu'elles ne la fabriquent. Elles n'auraient pas, selon Marie-Anne Dujarier, « modifié significativement la part du travail indépendant par rapport au salariat ». Néanmoins, elle semble avoir une appréhension de l'évolution des entreprises de places de marché limitées aux services à la personne, vente d'objets, location, transport et livraisons. Elle occulte le développement des plateformes qui tentent de se substituer aux entreprises d'intérim et le mouvement d'externalisation à l'œuvre dans nombre de secteurs par le recours au statut d'autoentrepreneur, par l'intermédiaire ou non de plateformes.

Le modèle économique de ces entreprises de places de marché procède de fortes levées de fonds mais peine à distribuer des dividendes significatifs et réguliers à leurs actionnaires. Les travailleurs n'y ont recours que « faute de mieux », conscients qu'ils ne peuvent y gagner que « des sommes dérisoires, même avec des heures illimitées de disponibilité et d'activités ». Dès lors, sa pérennité dans le temps n'est pas assurée. Marie-Anne Dujarier conclut que « la fragilité du modèle ne réside pas seulement dans les embarras opérationnels, les incertitudes capitalistiques et la dépendance à un marché du travail infrasalarial : l'État et les citoyens développent aussi une critique sociale du modèle ».

L'idée principale à retenir, selon moi, des travaux de la sociologue réside dans cette phrase : « En ce sens, parler d'"ubérisation" de la société est une manière de faire porter la responsabilité de la précarisation de l'emploi et des existences, portée par des politiques publiques néolibérales depuis trente ans, à une multinationale privée qui profite de l'aubaine, au risque de dépolitiser l'analyse. »

Tout l'enjeu des travaux de la commission d'enquête pour la période de 2017 à aujourd'hui est bien d'analyser ces politiques publiques néolibérales menées par la macronie qui profitent à la multinationale privée et consort.

De la confrontation à la collaboration

Le jour de l'audition des dirigeants d'Uber, ce qui me préoccupe le plus, ce n'est pas tant la période des *Uber Files*, de 2014 à 2017, mais celle qui suit : depuis qu'Emmanuel Macron n'est plus seulement un ministre minoritaire au sein d'un gouvernement mais bien président, avec tous les pouvoirs que la Ve République lui confère – et dont il abuse tel un monarque. Quelles sont donc les relations entre Uber et les ministres durant ce règne macroniste ?

C'est le P.-D.G. Monde de l'entreprise, M. Dara Khosrowshahi, qui m'en a donné la formule synthétique : « Nous sommes passés de la confrontation à la collaboration. » Après avoir levé la main droite et dit « Je le jure », il s'est attaché à nous assurer que « Uber a changé » et que la plateforme n'a plus rien à voir avec l'entreprise hors la loi des *Uber Files* : « Je ne suis pas ici pour défendre nos erreurs passées. C'est précisément pour transformer en profondeur le fonctionnement de l'entreprise que j'ai été invité à prendre la direction d'Uber. Nous avons refondé les valeurs de l'entreprise, nous avons mis en place une gouvernance rigoureuse – mettant l'accent sur l'éthique et le respect des règles – et nous avons fait de la sécurité une priorité absolue. Uber est aujourd'hui une entreprise complètement différente, au sens propre du terme : 90 % des employés actuels ont rejoint l'entreprise après la crise de 2017. Et les employés qui ont décidé de rester sont toujours là parce qu'ils ont pleinement adhéré à l'idée de se conformer à de nouvelles règles et à de nouvelles valeurs. (...) Nous avons parcouru un long chemin, mais nous savons qu'il faudra des années pour rétablir la confiance en nos intentions et en nos valeurs. Nous sommes déterminés à regagner cette confiance. Je suis fier de l'entreprise qu'est Uber aujourd'hui. Et je vous demande de nous juger sur ce que nous avons fait au cours des six dernières années et sur ce que nous ferons dans les années à venir. »

Ça tombe bien, c'est le rôle de l'enquête parlementaire : enquêter et juger le rapport de la plateforme Uber à notre État de droit et l'action de nos décideurs publics pour faire respecter cet État de droit ou servir les lobbys.

Depuis le deal entre Emmanuel Macron et les dirigeants d'Uber sur l'instauration d'une réglementation « light » pour faciliter les recrutements de chauffeurs VTC, le lobbying de la plateforme n'a jamais cessé : elle a continué à solliciter de nouveaux allègements sur la formation et les conditions d'examens. Le plus gros sujet de la plateforme, sa principale préoccupation, reste d'éviter toute requalification en salarié de ses chauffeurs.

Pour rappel, dès 2016 dans la loi El Khomri, Uber avait tenté, en s'appuyant sur certains députés dont Christophe

Caresche, d'instaurer un article visant à y répondre. À l'arrivée, la loi a bien établi une responsabilité sociale des plateformes accordant certains droits aux travailleurs ubérisés, comme la protection des accidents du travail, le droit à la formation professionnelle, la reconnaissance d'un droit syndical et d'un droit de grève, l'ébauche d'un dialogue social entre les plateformes et les travailleurs. Mais l'article qui visait à définir le lien entre les travailleurs et les plateformes sous l'angle d'une relation uniquement commerciale empêchant les travailleurs de saisir les prud'hommes pour défendre leur requalification en salarié n'a pas été retenu dans la version finale adoptée par 49-3. Depuis, de nombreuses décisions de justice constituent une terrible menace pour le cœur même du business model d'Uber et de l'ensemble des plateformes de l'ubérisation.

Dès l'élection d'Emmanuel Macron, les lobbyistes d'Uber savent qu'ils ont, cette fois, tout l'exécutif pour alliés et qu'ils vont pouvoir pleinement collaborer. Je n'ai pas de lanceur d'alerte en interne. Les données *Uber Files* s'arrêtent à 2017. Après cette date, Mark MacGann a quitté l'entreprise. Comment donc mener l'enquête sur cette période qui embrasse le premier quinquennat d'Emmanuel Macron et le début du second ?

Grâce à la loi Sapin-2, les actions des lobbyistes doivent être déclarées, sous certaines conditions, auprès de la Haute Autorité pour la transparence de la vie publique (HATVP). Je décide, avec les administrateurs et mon équipe, de recenser l'ensemble des échanges répertoriés dans le registre des représentants d'intérêts depuis 2018. Je demande à Uber, dans la foulée, de les détailler.

Le résultat est très instructif! Les contacts entre Uber et le président de la République se sont clairement intensifiés. On compte trente-quatre échanges avec les services du président entre 2018 et 2022, alors qu'il n'y avait eu aucun échange sous la présidence de François Hollande! Je lui avais d'ailleurs écrit à ce sujet et il m'avait répondu n'avoir eu « aucun contact personnel avec l'entreprise Uber pendant [son] mandat ». J'écris en suivant au cabinet du président Emmanuel Macron pour avoir de plus amples informations sur ces échanges : Qui était présent? Quels étaient les sujets discutés? La plateforme venait-elle avec des propositions ou des amendements à des textes de loi ou réglementation? Le cabinet de l'Élysée ne m'a jamais répondu. Du fait de la séparation des pouvoirs entre le Parlement – qui contrôle l'action du gouvernement – et le président de la République – qui n'est pas responsable devant les assemblées –, je ne peux pas, en tant que rapporteure, exiger la communication des informations demandées, ni faire usage de mon pouvoir d'enquête sur pièces et sur place auprès du cabinet du président. Ce refus de me répondre n'occulte pas l'essentiel : le nombre très élevé de contacts démontre à quel point Emmanuel Macron veut garder, via son cabinet, un lien étroit et permanent avec Uber.

Sur la même période, de 2018 à 2022, on ne compte pas moins de vingt-six échanges entre Uber et le ministère du Travail, vingt-cinq avec le ministère de l'Économie et quatre-vingt-trois avec le ministère des Transports : autant dire que les ministères, sous Macron, sont en lien quasi permanent avec la plateforme!

Je décide alors d'engager, du fait du pouvoir accordé par le titre de rapporteure, une enquête sur pièces et sur place auprès du ministère du Travail. Le principe est le suivant : je m'y rends, avec deux administrateurs et ma collaboratrice, sans avoir prévenu de ma venue. Je présente ma carte de députée au 127, rue de Grenelle et j'informe à l'accueil de la nécessité de prévenir le directeur de cabinet du ministre. Je crée la panique en face de moi. Il n'est pas là. « Informez-le de notre présence et de l'objet de notre venue, une enquête sur pièces et sur place dans le cadre de la commission d'enquête parlementaire *Uber Files.* » On nous installe dans une salle climatisée. Le directeur de cabinet arrive vingt bonnes minutes plus tard, s'excusant pour l'attente. Il a dû revenir précipitamment du Sénat où il accompagnait le ministre pour les questions d'actualité au gouvernement. Notre demande est simple : sur la base des déclarations à la HATVP, nous avons demandé à Uber de nous informer plus en détail de tous les rendez-vous et échanges depuis 2018 que la plateforme a pu avoir avec le ministère du Travail et de nous transmettre tous les documents qu'elle a pu adresser à cette occasion. Nous souhaitons en retour connaître toutes les notes, tous les mails, qui ont pu être réalisés en interne pour informer le ministre de ces échanges et réponses à la plateforme. Évidemment, le directeur de cabinet, bien que très poli à notre égard, a tenté d'écourter notre venue en promettant de nous adresser par mail des réponses à nos demandes, tout en précisant qu'il lui était impossible ou très long de récupérer dans les archives les notes et documents sur la période 2018-2021, puisqu'il s'agissait d'une autre ministre, Élisabeth Borne, et d'une autre équipe pour son cabinet. La collaboratrice du ministre Olivier Dussopt, dont le nom revenait fréquemment dans les échanges transmis par Uber, était toutefois déjà en poste en 2020 auprès d'Élisabeth Borne et elle était déjà chargée du dossier puisque son nom apparaît dans les documents transmis par Uber dès cette année ! Nous finissons par rencontrer cette collaboratrice qui nous transmet quelques échanges de mails récents avec la plateforme, mais sans les pièces jointes... Nous repartons trois longues heures plus tard et j'adresse dans la foulée des courriers aux autres ministères : des Transports et de l'Économie.

Le directeur de cabinet du ministre de l'Économie Bruno Le Maire est le premier à nous transmettre plusieurs notes. Mais il demande que celles-ci restent strictement confidentielles et que le prérapport lui soit adressé, surtout les parties qui les mentionneraient ! Le ministère ignore la loi : la divulgation de tout ou partie d'un rapport avant son adoption par la commission d'enquête et sa publication officielle est en effet interdite, en application de l'article 6 de l'ordonnance du 17 novembre 1958 relative au fonctionnement des assemblées parlementaires. C'est absolument révélateur de cet exécutif, qui oublie la séparation des pouvoirs – et que le rôle du Parlement est bien de le contrôler, conformément au premier alinéa de l'article 24 de la Constitution du 4 octobre 1958 : « Le Parlement [...] contrôle l'action du gouvernement. »

C'est ensuite le cabinet du ministre des Transports, Clément Beaune, qui nous répond. Mais toujours pas de retour de la part du cabinet du ministre du Travail Olivier Dussopt ! Nous sommes le 29 juin ! J'ai besoin des documents internes avant la fin de la commission d'enquête. Nous rédigeons déjà le rapport, le temps presse.

Il a fallu que j'adresse un courrier menaçant pour que, enfin, je puisse avoir accès à certaines notes et à certains échanges, sans aucune garantie que tout m'ait été transmis : « Persuadée que votre intention n'est pas d'empêcher le travail légitime de la commission d'enquête parlementaire, je vous demande de nous transmettre dans la journée les notes internes et les documents demandés, comme l'a fait le cabinet du ministre de l'Économie interrogé pour la même demande au même moment que votre cabinet. Le cas échéant, je vous rappelle qu'au titre de l'article 6 de l'ordonnance n° 58-1100 du 17 novembre 1958 le refus de communiquer des documents à une commission d'enquête après contrôle sur pièces et sur place et/ou demande du rapporteur est passible de deux ans d'emprisonnement et de 7 500 euros d'amende. »

Le courrier est efficace et nous recevons enfin de nombreuses notes que nous recoupons avec celles transmises par Uber en retraçant la chronologie des textes législatifs et des initiatives gouvernementales sur la période. Elles racontent la façon dont Uber et le ministère travaillent ensemble à la protection des plateformes, contre le risque de requalification des travailleurs en tentant d'instaurer une charte sociale, puis du fait de son échec en créant l'Autorité des relations sociales des plateformes d'emploi (ARPE), jusqu'à leur tentative de torpiller la directive européenne de présomption de salariat.

La séquence de collaboration étroite entre Uber et le gouvernement d'Emmanuel Macron commence très certainement par le sommet « Tech for Good », qui se déroule le 23 mai 2018 et est initié par le président de la République. Il rassemble les dirigeants des grands groupes de la *French tech*. Uber y fait l'annonce de son nouveau partenariat avec l'assureur Axa, qui vise à renforcer la couverture d'assurance de ses chauffeurs pour de nouvelles protections, comme les arrêts de travail liés à une blessure, une maladie, un événement de la vie. Cette protection des risques serait bien plus conséquente s'ils étaient salariés et comme ils devraient l'être, de fait, ils devraient y avoir droit ! L'annonce permet à Uber de communiquer sur son sens du progrès social et sa bienveillance vis-à-vis des chauffeurs... Le projet d'Uber serait d'instaurer un tiers statut, qui ne soit ni salarié, ni réellement indépendant.

Les premiers documents qui me sont transmis, au sens de leur date dans la chronologie des échanges entre la plateforme et le ministère du Travail, sont relatifs à la loi pour la liberté de choisir son avenir professionnel, examinée en première lecture en juin 2018. La ministre du Travail chargée du texte, Muriel Pénicaud à l'époque, transmet au député Aurélien Taché, corapporteur, un amendement visant à définir un cadre responsable pour les relations entre les plateformes de mise en relation et les travailleurs qui les utilisent. Je n'ai pu auditionner Aurélien Taché du fait du refus du président de la commission d'auditionner tout député, protégeant au passage Emmanuel Lacresse. Mais j'ai néanmoins pu m'entretenir, hors audition, avec lui. Il m'a affirmé qu'il s'agissait de prendre en compte la grande précarité des travailleurs des plateformes et d'améliorer leurs droits...

Le projet de loi prévoit, dans sa version définitive, que les plateformes puissent définir, sous la forme d'une charte, les conditions et les modalités d'exercice de leur responsabilité sociale ainsi que leurs droits et obligations et ceux des travailleurs. Elle n'est donc pas contraignante pour les plateformes. Cependant, le même article précise que « l'établissement de la charte et le respect des engagements pris par la plateforme [...] ne peuvent caractériser l'existence d'un lien de subordination juridique entre la plateforme et les travailleurs ». Il s'agit donc de faire miroiter auxdits travailleurs l'accès à de nouveaux droits, mais en les maintenant au statut d'indépendant. Pis, en empêchant toute démarche de requalification. Ces droits étant laissés à la discrétion de la plateforme, ils ne peuvent qu'être bien en deçà des droits et des protections sociales auxquels ces travailleurs accéderaient si leur statut était requalifié en salarié !

Uber a transmis au ministère du Travail ses propositions de modifications de l'amendement d'Aurélien Taché, certaines ont été retenues. Ils ont ainsi demandé que la formule « assurer un revenu décent » aux travailleurs soit modifiée au profit de « permettre aux travailleurs d'obtenir un prix décent » ; Uber avait fait remarquer que « le fait de devoir "assurer" un revenu à un travailleur est particulièrement dangereux pour les plateformes car elles n'ont pas les moyens de "s'assurer" du revenu d'activité des travailleurs ». Quel aveu ! C'est bien là le cœur du sujet : par le statut d'indépendant, la plateforme fait travailler certains faux indépendants à la tâche, comme au XIXe siècle, sans avoir à s'engager sur un salaire mensuel ! La lutte contre le tâcheronnage a permis la conquête du Code du travail, de la journée de huit heures et du salaire minimum. Là, les travailleurs faux indépendants sont contraints, à l'arrivée, à faire bien plus de trente-neuf heures pour accéder péniblement à l'équivalent d'un Smic net et sans protection sociale. Aurélien Taché n'aurait pas été informé des propositions d'amendements d'Uber. Mais, selon des syndicalistes de VTC, il se serait lui-même rendu chez Uber au moment de la discussion de cette loi. Pour y débattre de quoi ?

Le tandem gouvernement-Uber échoue néanmoins car le Conseil constitutionnel censure l'article concerné, le considérant sans lien – même indirect – avec les dispositions initiales du texte. Il retente l'opération quelques mois plus tard, avec un article équivalent dans le projet de loi d'orientation des mobilités. Supprimé par le Sénat, l'article est rétabli et modifié par l'Assemblée nationale, avec toujours la même idée de charte sociale permettant l'accès à de nouveaux droits, assorti d'une réaffirmation contre toute requalification des travailleurs en salarié.

Entre ces deux textes de loi, un arrêt de la Cour de cassation du 28 novembre 2018 a, pour la première fois, requalifié la relation contractuelle entre un travailleur et une plateforme, l'arrêt Take Eat Easy. Le gouvernement n'en tient toutefois pas compte, ou au contraire tente d'en préserver les plateformes : il décide que, pour les contentieux relatifs aux chartes, les conseils de prud'hommes sont dessaisis au profit des tribunaux de grande instance. Mais pas de chance, l'article charte est censuré partiellement par le Conseil constitutionnel. Sa décision est très claire : l'existence d'une charte et l'engagement des plateformes à la respecter ne peut exclure l'existence d'un lien de subordination juridique entre elles et les travailleurs.

La loi d'orientation des mobilités a aussi habilité le gouvernement à prendre, par voie d'ordonnance, les mesures permettant la mise en place d'une nouvelle forme de dialogue social entre les plateformes et les travailleurs. Pour ce faire, le Premier ministre lance la « mission Frouin » en nommant M. Jean-Yves Frouin, ancien président de la chambre sociale de la Cour de cassation, président d'un groupe d'experts chargé de rédiger un rapport sur la régulation des plateformes et de formuler des propositions en matière de dialogue social et de droits sociaux afin de sécuriser les relations juridiques entre les plateformes et les travailleurs. Mais la consigne du Premier ministre est très claire : protéger les travailleurs « sans remettre en cause la flexibilité apportée par le statut d'indépendant ». Pourtant, à la même période, tombe l'arrêt de la Cour de cassation du 4 mars 2020, qui avait requalifié en contrat de travail la relation d'un chauffeur Uber avec la plateforme.

Lorsque nous l'avons auditionné, Jean-Yves Frouin a bien confirmé cette consigne de préserver le statut d'indépendant des travailleurs des plateformes : « La mission partait d'une hypothèse de travail, prévue par la loi, selon laquelle ces travailleurs sont des travailleurs indépendants ; mais également de la volonté des pouvoirs publics de préserver le statut de travailleur indépendant. En effet, même après l'élargissement de ma mission, les pouvoirs publics voulaient toujours, dans la mesure du possible, préserver ce statut de travailleur indépendant. À la suite de l'arrêt Uber, je me suis dit que cela ne serait pas possible compte tenu des termes dudit arrêt, qui sont transposables à d'autres cas de figure. Cependant, le temps ayant passé, les pouvoirs publics se sont dit qu'après tout, puisque la loi d'orientation des mobilités leur en faisait l'obligation, il fallait conserver la ligne initiale de la mission. Nous nous sommes posé la question de savoir s'il n'était pas opportun de reconnaître le statut de salariés à l'ensemble des travailleurs des plateformes. Nous avons considéré que cela pouvait présenter des avantages mais nous n'avons pas donné suite dans la mesure où il ne s'agissait pas de l'esprit de la mission qui nous avait été confiée par les pouvoirs publics. »

Le rapport Frouin lui-même, dans le texte, ne cache pas cette consigne orientée pour préserver le statut indépendant des travailleurs des plateformes contre toute requalification en salariat : « [l]a reconnaissance d'un statut de salarié à tous les travailleurs des plateformes est une deuxième option. Elle aurait pour avantage de régler immédiatement les questions de sécurité juridique en éteignant les contentieux en requalification. Elle aurait également pour effet d'étendre aux travailleurs des plateformes les droits et protections des salariés. Cette option techniquement aisée à mettre en œuvre amènerait enfin de la clarification. Ce n'est, cependant, pas l'hypothèse de travail des pouvoirs publics ayant initié cette mission. L'argument selon lequel les travailleurs des plateformes seraient eux-mêmes opposés à une telle option semble sans doute factice : les sondages ne sont pas si clairs et ne tiennent pas lieu de référendum ou de prise de position de représentants légitimes ; l'argument tiré de l'alourdissement du coût de fonctionnement des plateformes paraît également spécieux, tant les allègements de cotisations sociales pour les salaires proches du Smic sont élevés. Le seul argument recevable et possiblement pertinent est celui de l'autonomie dans l'exercice du travail sur les plateformes. »

Autant vous dire que le rapport a été immédiatement mis à la poubelle. Malgré la commande politique de préserver le statut indépendant, il valorisait, de fait, l'option inverse : celle de la requalification en salarié ! Tout en la rejetant, mais pour l'unique raison qu'elle n'était pas conforme à la commande du gouvernement ! *In fine*, le rapport rejetait l'idée d'un tiers statut – ni salarié, ni indépendant – et préconisait que les plateformes aient l'obligation que leurs travailleurs deviennent salariés d'un tiers employeur, soit une coopérative d'activité et d'emploi, soit une entreprise de portage salarial. Il déroulait un discours en faveur du dialogue social, pour des élections des représentants des travailleurs dans chaque plateforme et la création d'une autorité de régulation des plateformes, visant à établir l'encadrement du temps de conduite des chauffeurs VTC et livreurs et la rémunération minimale des travailleurs des plateformes.

Comment, alors, s'est déroulé le lobbying d'Uber sur cette séquence ? Jean-Yves Frouin l'a raconté lors de son audition. Les plateformes ont argumenté qu'une requalification en salarié conduirait à une diminution de nombre d'emplois, ce statut représentant un coût élevé. Elles ont défendu le même discours que le gouvernement sur le gisement d'emplois que constituerait le développement des plateformes, considéré comme particulièrement opportun pour des populations généralement dépourvues, sans reconnaître toute la précarité de ce type d'« emploi ». Jean-Yves Frouin a regretté que la mission n'ait disposé d'aucune étude à ce sujet…

Les documents que nous avons récupérés auprès d'Uber témoignent d'une forte mobilisation de la plateforme sur la préparation de l'ordonnance découlant de la loi d'orientation des mobilités. Ceux récupérés auprès du ministère témoignent d'un vrai travail collaboratif continu avec la plateforme.

Avant l'adoption de la loi, Uber a fait appel à un cabinet de conseil, AT Kearney, afin de proposer « un dialogue social 2.0 adapté à la plateforme Uber ». Dans un courrier daté du 27 novembre 2019, AT Kearney précise les enjeux, pour Uber, de définir ce dialogue social 2.0, afin de « montrer sa proactivité et sa capacité d'innovation sociale "hors contraintes" » et d'« effacer une partie du passif d'image associé à "l'ubérisation" en étant désormais vu comme l'entreprise qui se sera saisie de ces sujets et aura imaginé ce "dialogue social 2.0" ».

Le cabinet propose la création d'un comité d'orientation pour préparer le futur cadre de ce dialogue social et préconise qu'il soit présidé par Bruno Mettling. Qui est ce M. Bruno Mettling? Il s'agit d'un ancien DRH de France Télécom puis président d'Orange. Il a fondé le cabinet de conseil Topics, qui se présente comme expert en matière de dialogue social et des conséquences de l'économie numérique sur l'organisation du travail. Il en est également le président.

On retrouve deux factures de Topics adressées à AT Kearney. Elles s'intitulent : « Mission d'accompagnement d'Uber dans sa réflexion sur le dialogue avec ses partenaires et leur représentation – Animation du Comité d'Orientation ». La première date du 23 avril 2020 pour un montant de 54 000 euros et la seconde date du 25 mai 2020 et s'élève à 6 000 euros. La mission Frouin se déroule de janvier à juin 2020. Le cabinet de conseil de Bruno Mettling a donc été rémunéré par le cabinet AT Kearney, sous commande d'Uber, pour rédiger la contribution de la plateforme à la mission Frouin.

Que fait donc le gouvernement après avoir rejeté les conclusions de la mission Frouin? Élisabeth Borne, alors ministre du Travail, crée en décembre 2021 une nouvelle mission, qu'elle nomme « *Task force* », pour préparer une nouvelle ordonnance prévue dans la loi d'orientation des mobilités et en confie la présidence à… Bruno Mettling!

Les travaux de la *Task force* aboutissent à la rédaction de deux ordonnances. La première créée l'ARPE – Autorité des relations sociales des plateformes d'emploi – et organise la représentation des travailleurs VTC et livreurs par des élections. La seconde, près d'un an après, le 6 avril 2022, détermine les modalités de représentation des organisations de plateforme dans l'ARPE. Entre ces deux ordonnances, le président de la République Emmanuel Macron va nommer le président de l'ARPE par décret. Et qui choisit-il ? Bruno Mettling !

Quelle situation de conflits d'intérêts ! Mais le président du conseil d'administration de l'ARPE n'est soumis à aucune obligation déclarative auprès de la Haute Autorité pour la transparence de la vie publique (HATVP). Ce qui est assez logique : on imagine mal que celui qui allait présider l'ARPE – et a rédigé l'ordonnance la créant – instaure une obligation qui l'empêcherait de la présider ! Bruno Mettling, qui a été payé par Uber pour rédiger le plaidoyer de la plateforme lors de la mission Frouin, se retrouve donc à présider l'ARPE après avoir présidé la *Task force* dont la mission était de créer l'ARPE.

J'ai bien évidemment demandé et obtenu que la commission d'enquête parlementaire auditionne Bruno Mettling. Lors de cette audition, il a vanté l'importance, selon lui, d'accompagner une plateforme américaine à comprendre notre droit français : « À l'époque, je pensais plutôt qu'il était pertinent qu'une entreprise américaine aussi peu familière de nos pratiques sociales cherche à disposer d'un certain nombre d'expertises. » Quelle blague ! Depuis le début, Uber n'ignore rien du droit français. Bruno Mettling a précisé que ses prestations, qui « n'étaient pas des prestations de lobbying et d'influence » mais « des prestations de conseil qui mobilisent l'expertise, par exemple sur le *benchmark* du statut d'indépendant et ses conséquences en termes de couverture sociale, de maladie professionnelle ou de chômage [...] se sont déroulées deux ans au préalable alors qu'il n'était pas encore question de l'ARPE ». Deux ans, vraiment ? Les documents que j'ai pu consulter montrent que les travaux de M. Mettling au sein du groupe d'experts d'AT Kearney au service d'Uber se sont poursuivis jusqu'à la fin du mois de mai 2020, la dernière facture datant du 25 mai 2020, soit quelques mois seulement avant sa nomination à la tête de la *Task force*, survenue le 11 janvier 2021 !

L'organisation des élections pour assurer la représentation démocratique des chauffeurs VTC et des livreurs traduit à l'arrivée une très faible représentativité. D'abord, plusieurs organisations syndicales et associatives des travailleurs ubérisés ont refusé de participer, dénonçant le choix de placer à la tête de l'ARPE quelqu'un qui avait été de fait payé par Uber en la personne de Bruno Mettling. Ce fut le cas du syndicat national INV, dont Brahim Ben Ali est le secrétaire général. Ce dernier nous a d'ailleurs révélé avoir été directement contacté par SMS par Bruno Mettling, qui avait tenté de le dissuader à propos de leur campagne de boycott du vote. Helmi Mamlouk, secrétaire général du syndicat FO-CAPA-VTC, avait même déclaré lors de son audition : « L'ARPE ne sert à rien dès lors qu'elle est présidée par un ancien lobbyiste ou partenaire d'Uber. Cette plateforme est derrière toutes les situations et je n'étais pas intéressé par l'ARPE au vu de cette réalité. » Sayah Baaroun, secrétaire général du syndicat des chauffeurs privés, a également dénoncé le fait que l'ARPE ne dispose pas d'un pouvoir réel : « J'accepterais de m'y joindre si j'avais l'assurance qu'à travers cette structure nous pourrions forcer les plateformes à instaurer un tarif plancher et un traitement de l'aspect disciplinaire hors des plateformes. À nouveau, il s'agit d'un leurre, et de nombreuses associations, que je juge illégitimes, se sont lancées dans cette dynamique. On aboutit à une solution absurde puisqu'elles ont réussi à négocier un tarif minimum inférieur au tarif minimum actuel. »

La participation aux élections qui se sont tenues du 9 au 16 mai 2022 a été très faible : seulement 3,91 % pour les VTC et 1,83 % pour les livreurs ! Mais qu'il s'agisse de Bruno Mettling, du directeur général du travail, M. Pierre Romain, puis d'Olivier Dussopt, ministre du Travail, le discours est le même : c'est une première élection du genre pour un public d'indépendants et il faut comparer au taux de participation des dernières élections des TPE qui fut de 5,5 %…

Depuis sa création, quels sont donc les accords que l'ARPE a permis ? Pour les VTC, ils sont bien limités. Les plus concrets portent sur les tarifs : un premier accord en janvier 2023 a créé un revenu minimal par course dans le secteur des plateformes VTC, fixé à 7,65 euros, soit un tarif inférieur à ceux proposés par de nombreuses plateformes ! D'ailleurs, des chauffeurs VTC m'ont depuis alerté que la plateforme Bolt en avait profité pour augmenter ses commissions et baisser ses tarifs. Un accord équivalent a été adopté en avril 2023, instaurant un revenu minimal garanti horaire de 11,75 euros. C'est, certes, plus élevé que le taux horaire brut du Smic, fixé à 11,52 euros. Mais la protection sociale des livreurs n'a rien à voir avec celle d'un salarié, son vélo ou son scooter n'est pas pris en compte et ce revenu, surtout, ne prend pas en compte le temps d'attente des courses !

De fait, le fonctionnement de l'ARPE permet à Uber de verrouiller les accords. L'entreprise y est représentée via l'Association des plateformes d'indépendants (API). Les accords collectifs peuvent être conclus au niveau des VTC et également des livreurs, à condition d'être signés « par, d'une part, au moins une organisation professionnelle de plateformes reconnue représentative et, d'autre part, une ou plusieurs organisations de travailleurs reconnues représentatives ayant recueilli [...] plus de 30 % des suffrages exprimés en faveur d'organisations de travailleurs reconnues représentatives, quel que soit le nombre de votants, et à l'absence d'opposition d'une ou plusieurs organisations de travailleurs reconnues représentatives ayant recueilli la majorité des suffrages exprimés en faveur des mêmes organisations à ces mêmes élections, quel que soit le nombre de votants ». Or, si le secteur des VTC comprend deux organisations professionnelles de plateformes représentatives, celui des activités de livraison n'en compte qu'une seule : l'API. Dans ce dernier, aucun accord ne peut donc être validé sans la signature d'Uber.

Le vice-président de l'association des VTC de France (AVF) a dénoncé cette surdimension d'Uber au sein de l'ARPE : « Je ne comprends d'ailleurs pas la volonté de l'État de donner un poids surdimensionné à Uber dans cette structure. [...] Nous ne pouvons donc pas signer un accord avec la FFTPR (Fédération française des transports de personnes sur réservation), qui regroupe des plateformes françaises et étrangères. Du moins, Uber peut le casser facilement, car elle est majoritaire dans la représentativité des plateformes. Dans ce système, Uber a reçu un chèque en blanc depuis le début ; l'État n'a jamais rien fait. Même avec l'ARPE, cette autorité de régulation de la profession, le poids d'Uber reste surdimensionné. Il existe encore une volonté de l'État de laisser Uber faire la pluie et le beau temps dans ce secteur. »

La « collaboration » – pour reprendre le terme même du P.-D.G. Monde d'Uber – entre la plateforme et le gouvernement a donc permis d'aboutir à la création d'une autorité présidée par quelqu'un qui a été payé par Uber et dont les accords dépendent du bon vouloir d'Uber dont le poids est surdimensionné ! Et, bien évidemment, les sujets de négociations avec les plateformes ne sont pas fixés par les travailleurs et la question de la requalification en salarié des travailleurs des plateformes en est exclue !

Cela n'empêche pas le gouvernement de se vanter d'innover dans l'intérêt des travailleurs des plateformes. Pour Élisabeth Borne, Première ministre, « ce modèle de dialogue social est unique en Europe et [il] fait de la France un des pays les plus protecteurs des droits des travailleurs des plateformes. C'est bien le gouvernement qui a donné un cadre et permis les conditions d'une discussion plus équilibrée entre plateformes et travailleurs ». Selon Olivier Dussopt, ministre du Travail, du Plein Emploi et de l'Insertion, « [c]'est un choix de confiance dans la concertation entre les représentants des travailleurs et ceux des plateformes : c'est le pari du dialogue et du consensus ». En même temps, le ministre reconnaît, avec ses mots à lui, que l'objectif est bien de protéger les plateformes de toute requalification en salarié : « L'objectif de la concertation est d'élaborer des droits et d'assurer le développement économique du secteur, sans remettre en cause les statuts existants. » Le gouvernement a, de fait, mis en œuvre la stratégie d'Uber : au nom d'un dialogue social 2.0 totalement biaisé, maintenir le business model qui repose sur des travailleurs faussement indépendants, payés à la tâche.

Cette création de l'ARPE qui, selon les propos de la Première ministre, est un modèle de dialogue social unique en Europe, va être l'argument mis en avant par le gouvernement pour tenter de torpiller une directive européenne en négociation, visant à instaurer une présomption de salariat.

Présomption de salariat, une victoire européenne arrachée contre Macron

Le 22 février 2024, je participe à Bruxelles au 4e Forum transnational des alternatives à l'ubérisation. C'est ma camarade Leïla Chaibi, députée européenne, qui en est à l'initiative. Chaque année depuis 2019 – l'année 2020 mise à part du fait de la crise sanitaire –, elle organise ces rencontres annuelles entre travailleurs ubérisés du monde entier. Chauffeurs VTC et taxis, livreurs à vélo, qu'ils soient d'ores et déjà organisés en syndicats, collectifs, associations, ou non, elle leur permet de se retrouver. Être député européen permet d'accéder à des moyens logistiques bien plus importants que l'Assemblée nationale. Leïla Chaibi a décidé de les mettre au service de l'auto-organisation de ces travailleurs. Ils n'ont pas à financer leur transport jusqu'à Bruxelles, leur logement sur place et ont à leur disposition des salles de travail avec des traducteurs – éléments clés pour ces rencontres. Depuis que ces rencontres existent, ils viennent des quatre coins de l'Europe et du monde. Sans ces événements, ils ne se seraient sans doute jamais rencontrés. Ils échangent leurs expériences de lutte et tentent d'élaborer des revendications et des stratégies communes. Ils peuvent également partager leurs analyses avec des économistes, des sociologues, des juristes, d'autres syndicalistes. C'est, de fait, un lobby populaire des travailleurs ubérisés qu'elle permet de faire émerger. J'y retrouve nombre de figures françaises, comme Brahim Ben Ali bien sûr, mais aussi des militants de Coopcycle, des syndicalistes de Sud-Commerces et Services comme Laurent Degoussé et bien d'autres.

Leïla Chaibi est vice-présidente de la commission de l'Emploi et des Affaires sociales au Parlement européen et rapporteure fictive sur le projet de directive relative à l'amélioration des conditions de travail des travailleurs des plateformes. Elle mène à ce titre la bataille en faveur d'une directive européenne de présomption de salariat des travailleurs des plateformes.

En septembre 2019, au début de la législature, la présidente de la Commission européenne, Ursula von der Leyen, a lancé un chantier législatif sur l'encadrement des droits des travailleurs des plateformes. Au début de celui-ci, nul ne sait s'il aboutira à une recommandation, à une directive ou à un règlement. Mais le constat est le même dans les différents États membres. L'ubérisation se développe et, avec elle, toute la précarité des travailleurs. Les juges sont fréquemment sollicités par ces derniers. Ils ordonnent généralement une requalification de la relation commerciale unissant le travailleur à la plateforme en contrat de travail. L'enjeu du chantier législatif est plus que conséquent. Comme l'a décrit Leïla Chaibi lors de son audition par la commission d'enquête : « D'un côté, les lobbys des plateformes ont entrevu une occasion de légaliser ce que les juges, au contraire, considéraient comme illégal, par la création d'un statut tiers entre le travailleur indépendant et le salarié : ils souhaitaient ainsi obtenir l'obligation de subordonner des travailleurs sans aucune contrepartie. De l'autre côté, des forces – dont mon groupe fait partie – ont voulu saisir l'opportunité d'obliger les plateformes à assumer les mêmes obligations que l'ensemble des employeurs, à partir du moment où elles exercent un lien de subordination – à savoir, l'application du droit du travail et de la protection sociale. »

La bataille s'engage pour une directive européenne de présomption de salariat, transposable dans le droit de l'ensemble des États membres. Ce serait une avancée sociale énorme, une inversion totale : ce ne serait plus aux travailleurs, par le biais de longues démarches aux prud'hommes, de prouver la relation de subordination qui les lie avec les plateformes et d'arracher sa contrepartie – un contrat de travail salarié permettant d'accéder au droit du travail et aux protections sociales associées. Les travailleurs obtiendraient automatiquement la requalification de leur statut en salarié. Ce serait aux plateformes de démontrer, le cas échéant, qu'elles ont un contrat commercial avec de vrais indépendants, comme cela peut être le cas en France avec Doctolib. Les médecins sont bien indépendants dans l'exercice de leur profession libérale, la plateforme se limite à faciliter les prises de rendez-vous. Avec ce renversement de la charge de la preuve, c'est tout le business model d'Uber, partagé par tant de plateformes, qui est clairement menacé cette fois-ci !

Les lobbys d'Uber and co sont au Parlement européen comme chez eux. On se souvient de la stratégie visant à recruter la commissaire européenne Nelly Kroes, qui, bien avant de travailler au sein de l'entreprise, y travaillait déjà de fait. Alors qu'elle était toujours commissaire européenne, elle s'était opposée à la décision de la ville de Bruxelles d'interdire Uberpop et avait défendu la nécessité de développer de nouveaux droits sociaux pour les travailleurs des plateformes... Face au lobbying omniprésent d'Uber et autres plateformes, faire entendre ce lobby populaire des travailleurs ubérisés est essentiel. À chaque rencontre annuelle, le forum transnational de l'alternative à l'ubérisation permet l'organisation de rencontres avec des parlementaires et des commissaires, pour enfin faire entendre la voix des travailleurs, qui n'ont généralement pas droit de cité dans cette institution européenne. Comme Leïla Chaibi a pu nous l'exposer : « Les commissaires européens sont sans arrêt confrontés aux lobbyistes, et jamais aux travailleurs. Or, la construction d'un lobby populaire alternatif pour faire entendre les revendications des travailleurs sur la scène bruxelloise a été un élément déterminant dans les avancées que nous avons obtenues. »

Ce chantier législatif s'est déroulé en plusieurs étapes. Le Parlement européen a tout d'abord adopté un rapport d'initiative, confié à Sylvie Brunet, eurodéputée française du MoDem élue sur la liste de la majorité présidentielle. La particularité du fonctionnement du Parlement européen repose principalement sur la formation de coalitions. Aucun groupe ne bénéficiant de la majorité absolue, le rapporteur doit accepter des compromis. La présomption de salariat n'était pas conforme à l'orientation des députés européens macronistes au point de départ et n'apparaissait pas dans la version antérieure aux négociations du rapport. Mais, comme elle était majoritaire au sein des autres groupes politiques, elle a fini par figurer dans le texte adopté le 16 septembre 2021.

Après le rapport d'initiative du Parlement européen, il revient à la Commission européenne de présenter sa proposition de directive. Elle le fait le 9 décembre 2021. La présomption de salariat y est actée dans son article 3. Elle est conditionnée au fait que deux des cinq critères listés dans son article 4 s'appliquent. Le nombre de critères finalement retenus a été le fruit d'un compromis : le commissaire à l'Emploi souhaitait en effet que la directive soit plus ambitieuse encore à cet égard. Par ailleurs, tous les travailleurs de plateforme ne deviennent pas salariés : l'article 5 rappelle en effet que la présomption est réfragable – il est possible de la contester. Toutefois, c'est à la plateforme de prouver qu'elle travaille bien avec de vrais indépendants.

À la suite de la proposition de la Commission en décembre, les négociations ont repris à la commission Emploi du Parlement européen. Lors de sa séance plénière, en février 2023, ce dernier a adopté une directive en faveur de la présomption réfragable de salariat plus ambitieuse que celle de la Commission. Énorme victoire politique! Mais cela reste une victoire d'étape. Les suivantes sont celles des négociations au sein du Conseil de l'Union européenne puis, enfin, celles du trilogue : entre le Parlement, la Commission et le Conseil de l'Union européenne.

Comment se sont comportées, non seulement les plateformes, mais aussi la France – et plus précisément la macronie dans tout ce processus ? Le seul fait d'avoir besoin d'une commission d'enquête parlementaire pour le savoir et le faire savoir est révélateur d'un grave manquement à la démocratie.

Alors que la Commission européenne a confirmé son intention d'engager un chantier législatif pour protéger les droits des travailleurs des plateformes, Uber annonce le 15 février 2021 vouloir un *better deal* et publie un livre blanc. Son P.-D.G. Monde, Dara Khosrowshahi, en présente les contours dans une tribune publiée le lendemain dans *Politico*, le média le plus lu par la sphère politique européenne : « Nous devons construire de nouveaux modèles qui reflètent la nature distincte du travail sur plateforme et les intérêts des travailleurs indépendants. Nous soutenons les initiatives visant à développer une représentation plus appropriée pour les travailleurs des plateformes. » La France est carrément citée en exemple : « Certains pays européens montrent la voie. La France a mis en œuvre une série de réformes progressistes, augmentant le niveau de transparence et de choix que les plateformes devraient offrir aux travailleurs, tout en garantissant des protections telles que l'assurance obligatoire et la formation professionnelle. »

On retrouve tous les éléments de langage produits par le cabinet AT Kearney sur le dialogue social 2.0. Lors de la parution du *better deal*, l'ARPE n'est pas encore créée en France, mais c'est l'affaire de quelques mois, car elle verra le jour en avril. De fait, Uber et le gouvernement y travaillent ensemble, pleinement et étroitement… La mise en avant de cette prétendue exemplarité du dialogue social à la française ne sert qu'à une chose : valider le maintien des travailleurs sous statut indépendant ou, en d'autres termes, permettre aux plateformes de poursuivre la subordination des chauffeurs, livreurs et autres travailleurs, sans avoir à assumer les contreparties légales. À l'échelle européenne comme à l'échelle nationale, l'objectif du lobbying d'Uber est toujours de se prémunir contre toute requalification en salariés de ses travailleurs. Le message de l'entreprise à l'Union européenne est donc de les inciter à faire comme en France : ne pas transformer les contrats commerciaux en contrats de travail mais favoriser ce dialogue social institutionnalisé, par lequel les quelques concessions de droits sociaux ne sont que le miel qui accompagne la pérennité de l'exploitation de faux indépendants.

Ce lobbying d'Uber – et d'autres plateformes – contre le projet de directive en faveur d'une présomption de salariat a été confirmé lors de plusieurs auditions de la commission d'enquête. Leïla Chaibi nous a ainsi rapporté une rencontre avec les lobbys d'Uber et de Deliveroo, en décembre 2019 puis en janvier 2020. « Ils m'ont confié que la démarche d'Emmanuel Macron représentait pour eux un modèle en Europe. Nous étions alors au lendemain de l'adoption de la loi d'orientation des mobilités (LOM) en France. Le Conseil constitutionnel avait rejeté l'un de ses articles – qui stipulait une interdiction de demander une requalification au juge dès lors qu'une charte avait été signée entre la plateforme et ses travailleurs – au motif qu'il protégeait non pas le travailleur mais la plateforme, contre le risque de requalification. Le chargé des affaires publiques de Deliveroo m'avait confié qu'il déplorait fortement la position du Conseil constitutionnel. »

Nous avons pu auditionner Lora Verheecke, chercheure à l'Observatoire des multinationales et porte-parole de l'Observatoire du lobbying au niveau européen. Ses travaux confirment également cette puissance du lobbying d'Uber au niveau européen : « Une entreprise comme Uber emploie non seulement des personnes essayant de représenter ses intérêts auprès des dirigeants européens, mais elle est également membre de BusinessEurope, de Delivery Platforms Europe ou de think tanks. Uber fait en outre appel à des cabinets d'avocats, à des agences de communication. »

Dans cette bataille, Uber et les autres plateformes ont eu comme meilleurs agents de lobbying Emmanuel Macron et son gouvernement, étape après étape. Leïla Chaibi a évoqué le sujet : « Au lendemain de l'adoption du rapport Brunet, en septembre 2021, la Représentation permanente de la France a diffusé un courrier dans lequel elle préconisait de ne pas suivre le scénario de la présomption de salariat. (...) La France, qui était en faveur de l'adoption d'un tiers statut – option abandonnée au fil des échanges – a choisi de favoriser un autre des scénarios publiés par la Commission européenne au cours de l'année 2021, à savoir le renversement de la charge de la preuve. Dans ce cadre, il revient au travailleur de se rendre chez le juge pour faire valoir la bonne classification de son statut – même si ce n'est pas à lui d'en apporter les preuves. »

Un article d'Euractiv, en date du 20 septembre 2022, dévoile le contenu de cette lettre de la Représentation permanente de la France auprès de l'Union européenne adressée à la Commission européenne le 16 septembre 2021. On y apprend que « les autorités françaises "ne sont [...] pas favorables à une présomption de salariat" [...]. Cette présomption irait à l'encontre de la législation française, adoptée pour préserver "des modèles reposant sur un degré d'autonomie et de flexibilité pour les travailleurs, coïncidant avec le modèle économique principalement mis en œuvre par les plateformes" ». La lettre soutient également le dialogue social comme un moyen de « concilier ces nouvelles activités économiques avec une amélioration des droits sociaux et des conditions de travail des travailleurs » et encourage la Commission « à "tenir compte de l'hétérogénéité du groupe des travailleurs recourant aux plateformes numériques" [avec] "des critères partagés" pour distinguer les travailleurs fortement dépendants économiquement des plateformes de ceux "pour lesquels le dialogue social peut suffire afin d'en améliorer les conditions de travail" ». Enfin, elle met en garde contre le « renversement de la charge de la preuve, qui entraînerait une "multiplication des contentieux", alors que 5,5 millions de travailleurs pourraient être requalifiés à la suite de cette directive, selon les estimations de la Commission ».

J'ai obtenu que la commission d'enquête parlementaire auditionne le secrétariat général des affaires européennes (SGAE). Nous avons également pu avoir accès à certaines de ses notes internes. L'une d'elles expose les arguments de la France contre la position de la Commission et démontre bien que son soucis est de préserver les intérêts des plateformes : « – Le mécanisme proposé par la Commission (cumul de deux critères vérifiés entraînant *de facto* une présomption de salariat) rend l'approche de la Commission plus stricte que celle du juge français qui utilise, compte tenu de l'absence de définition légale du contrat de travail en droit français, la théorie du faisceau d'indices dont la qualification est une construction jurisprudentielle. Les plateformes ayant une responsabilité sociale, présentes sur les secteurs de la mobilité, entreraient ainsi *de facto* dans le champ de la présomption de salariat car elles remplissent les critères de détermination du prix et de supervision de la performance du travail, qui, pourtant, ne constituent pas à eux seuls des indices suffisants de l'existence d'un lien de subordination, mais font partie intégrante des relations contractuelles. »

Mais la France n'a pas réussi à imposer le renversement de la charge de la preuve du lien de subordination au détriment des travailleurs contre la présomption légale de salariat. La France a alors tenté d'imposer des clauses suspensives. En clair, permettre de protéger le business des plateformes et empêcher les requalifications immédiates en salariat en cas de recours par les plateformes, durant le temps de ces recours. Pis, la France a même défendu que les États membres engagés dans une démarche de dialogue social entre les plateformes et les travailleurs pourraient être exemptés de toute application de la directive européenne si elle était adoptée ! La France ainsi a défendu l'idée d'une autorisation à désobéir à certaines directives, dans l'unique but de promouvoir le modèle d'exploitation d'Uber ! En clair, une sorte de Frexit sur cette directive progressiste de protection des travailleurs !

La tentative de torpillage par la France de la directive en faveur de la présomption de salariat est flagrante. Emmanuel Puisais-Jauvin, le secrétaire général des affaires européennes, l'a cependant niée en bloc : « Je ne vois pas sur quels faits vous vous fondez pour estimer que la France essaie de "torpiller" cette directive. Si nous avions voulu torpiller ce texte, nous n'aurions pas tenu sept groupes de travail sous présidence française. »

Les faits sont pourtant là ! Et le commissaire européen à l'emploi et aux droits sociaux, M. Nicolas Schmit, a été très clair sur cette tentative de la France de casser la directive lors de son audition devant la commission d'enquête : « Dans les discussions en cours, la France défend une dérogation généralisée – ce qui va dans le sens d'une présomption d'indépendance, qui donne raison, *a priori*, à la plateforme. En effet, il revient aux travailleurs des plateformes de prouver qu'ils ne sont pas indépendants devant une juridiction : c'est en fait la situation qui prévaut actuellement. Le rapport de force a permis de renverser la situation pour imposer une présomption de salariat, fondée sur des critères, et avec une possibilité, pour la plateforme, de démontrer que ses travailleurs sont bien indépendants. Je ne tiens pas à commenter les positions des États membres : la France n'est pas la seule à émettre des réserves. Cependant, la présomption d'indépendance revient à un *statu quo* voire pire, ce que la Commission ne peut accepter : il faut au contraire créer davantage de clarté et de sécurité juridique. Sans cela, comment expliquer qu'une extrême majorité des trois cents jugements prononcés par des cours reconnaissait un statut salarié ? »

Bien que le commissaire se refuse à commenter les positions des États membres, il ne mâche pas ses mots et la situation est claire : la France défend la présomption d'indépendance et le modèle des plateformes, comme l'avait reconnu Olivier Dussopt lors d'une audition face au député François Ruffin.

À l'étape d'après au Parlement européen, alors que chaque groupe conserve ses députés négociateurs, Sylvie Brunet n'est plus chargée des négociations. Le groupe

Renew l'a remplacée par l'eurodéputée slovaque Lucia Nicholsonová. Mais elle échoue totalement à imposer le point de vue « pro Uber ». Le Parlement européen a même réécrit un des articles de la proposition de directive afin d'instaurer une présomption réfragable de salariat sans condition : « Une personne qui exécute un travail via une plateforme est soit un travailleur de plateforme, soit une personne véritablement indépendante. La relation contractuelle entre une plateforme de travail numérique et une personne exécutant un travail par l'intermédiaire de cette plateforme est légalement présumée être une relation de travail et, par conséquent, les plateformes de travail numériques sont présumées être des employeurs. À cet effet, les États membres établissent un cadre de mesures, conformément à leurs systèmes juridiques et judiciaires nationaux, afin de veiller à ce que les autorités compétentes et les organismes qui vérifient le respect de la législation pertinente ou qui la font respecter ainsi que les personnes qui exécutent un travail via une plateforme et leurs représentants puissent se fonder sur la présomption légale. »

Il est important de signaler que les députés européens macronistes n'ont pas suivi les avis du gouvernement français et ont voté pour la proposition de directive ! La victoire d'étape au Parlement européen est en soi historique. Le travail de la députée Leïla Chaibi et des autres parlementaires du groupe The left a été remarquable et l'action des travailleurs ubérisés par le lobbying populaire a été décisive. Cette victoire a bien été arrachée parce que la parole des travailleurs a enfin pu s'imposer à Bruxelles, au point de convaincre les députés européens français macronistes de désobéir aux consignes de l'exécutif !

Quand le projet de directive arrive à l'étape de négociation au sein du Conseil de l'Union européenne, la position défendue par la France va être « assez proche de celle d'Uber et d'autres lobbys des plateformes », comme l'a affirmé Mme Verheecke.

Lors de son audition, le ministre Olivier Dussopt a ainsi déclaré : « L'enjeu pour nous est de pouvoir concilier le cadre européen avec le dispositif que nous avons bâti en France. […] Nous nous sommes engagés sur une voie singulière et équilibrée – celle du dialogue social – qui permet d'encadrer le développement économique des plateformes et d'assurer la création de nouveaux droits, définis par les représentants des travailleurs, tout en protégeant le statut des véritables travailleurs indépendants. » Mais qui sont donc ces véritables travailleurs indépendants ? Comment le ministère du Travail peut-il à ce point nier les décisions des prud'hommes et de la Cour de cassation, qui aboutissent à la décision de la requalification des chauffeurs VTC et des livreurs ? Y a-t-il donc tant de travailleurs de plateformes, en dehors des chauffeurs et des livreurs qui seraient de vrais indépendants ? À aucun moment le ministre ne se montre en capacité de dire de qui il parle !

Bien après cette audition – et après mon enquête sur pièces et sur place au ministère du Travail –, j'ai pu accéder à une note bien particulière du ministère, en date du 27 janvier 2019. Elle démontre qu'il avait, depuis 2019 au moins, pleinement connaissance des pratiques illégales des plateformes dans des domaines aussi divers que la restauration, le transport, le tourisme, le BTP-bricolage, les travaux chez des particuliers, le déménagement, le secteur des enquêtes marketing, l'agriculture, l'aide à la personne, l'enseignement à titre onéreux de la conduite de véhicules à moteur (auto-école), le secteur funéraire, le secteur maritime, le secteur de l'aviation civile. Pour tous ces secteurs, la note met en évidence de nombreuses infractions des plateformes et, chaque fois, le travail dissimulé ! Je ne serai pas surprise de découvrir un jour que l'auteur de la note n'ait pas conservé sa place bien longtemps ! Je n'ai trouvé aucune note postérieure à celle-ci qui viserait à faire respecter l'État de droit, aucune !

En cohérence, la France va peser lourdement dans les longues négociations entre les ministres de l'Emploi et des Affaires sociales des États membres de l'Union européenne. Ces négociations se concluent, le 12 juin 2023, sur une position très éloignée de la proposition du Parlement européen. Voici le résumé qu'en fait le rapport de la commission d'enquête : « Les critères de déclenchement de la présomption légale de salariat visant à lutter contre le salariat caché et les faux indépendants ont été durcis par rapport à la proposition initiale de la Commission européenne : le texte prévoit que si les travailleurs remplissent trois critères sur sept, ils doivent alors être considérés comme des salariés. Ce texte est donc moins ambitieux, puisqu'il impose aux travailleurs de remplir trois et non plus deux critères pour bénéficier de la présomption de salariat. Selon les estimations de la Commission européenne, cela exclurait près d'un million et demi de travailleurs (4,1 millions d'entre eux seraient requalifiés contre 5,5 millions dans la proposition initiale). Si cette version convient à la France, force est de constater que la Belgique, l'Espagne, le Luxembourg, Malte, les Pays-Bas, le Portugal, la Slovénie et la Roumanie considèrent que la solution n'est pas assez ambitieuse. »

Voilà donc l'action politique de la France, pays des conquêtes sociales du Front populaire et du Conseil national de la Résistance : défendre coûte que coûte les intérêts des plateformes et ce, dans une opacité quasi totale. Le 28 février, bien en amont de la fin des négociations du Conseil de l'Union européenne, à l'occasion de ma question d'actualité au gouvernement, j'avais interpellé le ministre du Travail sur la nécessité qu'il y ait un débat démocratique sur la position de la France en ces termes : « Monsieur Dussopt, le Parlement européen s'est positionné le 2 février en faveur d'une présomption de salariat pour les travailleurs de plateformes grâce notamment à notre députée européenne Leïla Chaibi. Les députés européens macronistes l'ont votée, contre l'avis du gouvernement, qui n'a cessé d'essayer de torpiller cette directive. La justice reconnaît que les travailleurs des plateformes sont des salariés. Le Parlement européen le reconnaît. Les seuls qui s'y refusent, c'est le gouvernement français macroniste ! Si ces travailleurs étaient reconnus comme salariés, ce serait un milliard supplémentaire par an de cotisations patronales pour financer nos retraites ! Monsieur le ministre, quelle sera la position du gouvernement français au Conseil de l'Union européenne sur la directive relative aux droits des travailleurs de plateformes ? Y aura-t-il, comme le permet l'article 50 alinéa 1 de la Constitution, un débat et un vote à l'Assemblée sur la position défendue par la France ? »

Je n'ai eu aucune réponse du ministre sur cette partie de mon intervention.

Le jour de l'audition de la Première ministre Élisabeth Borne, l'ambiance est très tendue avec le président de la commission, Benjamin Haddad. Il n'a pas apporté de bonbons et de chocolat, comme il lui arrivait parfois de le faire pour détendre nos relations. Ce jour-là, il doit maîtriser le temps, c'est-à-dire m'en laisser le moins possible et protéger la Première ministre. Mais le temps, je le prends, je l'arrache et j'interroge Élisabeth Borne sur cette nécessité démocratique de mettre à l'ordre du jour de l'Assemblée nationale la position que la France se devrait de défendre au Conseil de l'Union européenne. Non seulement les organisations syndicales n'ont pas été consultées mais la représentation nationale est totalement écartée du débat sur cette future directive.

J'ai d'abord eu droit à des commentaires méprisants du président de la commission : « Madame la rapporteure, il ne s'agit pas d'une tribune politique. Je vous invite à poser des questions entrant dans le cadre de notre commission d'enquête. » Élisabeth Borne a également commencé sur le même ton méprisant : « Je viens d'entendre, longuement exposé, votre point de vue sur les plateformes. C'est assez original, dans une commission d'enquête : nous avons quasiment assisté à une conférence de presse ! Je vais quand même tenter de répondre à votre question. » Il faut se sentir flattée quand on subit ce mépris. C'est la preuve que mes questions dérangent. Cet exécutif ne supporte pas d'avoir à rendre des comptes ! La Première ministre finit par répondre : « Est-il pertinent d'organiser un débat sur le fondement de l'article 50-1 de la Constitution ? Vous pourriez demander un débat dans le cadre d'une semaine de contrôle. » Il faut savoir que, dans les faits, en semaine de contrôle, l'organisation d'un tel débat ne signifierait pas qu'il y ait à l'arrivée un vote sur un texte alors qu'un débat fondé sur l'article 50 alinéa 1 de la Constitution, lui, le permettrait. C'est une grande différence! Ni débat ni vote n'auront lieu dans l'hémicycle.

C'est en catimini, dans le cadre des négociations institutionnelles européennes, qu'Emmanuel Macron et son gouvernement vont tenter de mettre en échec l'aboutissement de la directive. La commission d'enquête parlementaire sur les *Uber Files* est terminée depuis longtemps mais je continue à suivre le dossier, bien informée par Leïla Chaibi. Nous allons subir un terrible yoyo émotionnel!

Un premier accord de compromis en trilogue est arraché le 13 décembre 2023. La députée européenne macroniste Sylvie Brunet s'en félicite ainsi sur le réseau social X (ex-Twitter) : « Priorité @Ensemble_UE, engagement phare de mon mandat et nous y sommes (presque) : Un accord provisoire a été trouvé pour mieux protéger les travailleurs des plateformes et réguler l'utilisation des algorithmes. Immense joie! » On aurait aimé que l'accord « provisoire » soit plus ambitieux, mais il comporte néanmoins des avancées majeures : les travailleurs de plateformes considérés à tort comme indépendants pourront être requalifiés en salariés s'ils satisfont à deux indicateurs de subordination sur cinq. Surtout, les inspecteurs du Travail des États membres devront examiner obligatoirement la situation de l'ensemble des travailleurs d'une plateforme dès lors qu'un de leurs collègues a été requalifié en salarié – et les reclasser le cas échéant. On est prêts à sabrer le champagne. Mais, dans la foulée, lors de la réunion du COREPER (le Comité des représentants permanents des États membres qui est responsable de la préparation des travaux du Conseil de l'Union européenne), la France s'oppose à l'accord.

Faute de débat dans l'hémicycle, comment faire pression sur l'exécutif macroniste pour que ce refus ne soit pas définitif ? Mes collaborateurs découvrent dans le règlement de l'Assemblée nationale que si les propositions de loi et de résolution à l'initiative des groupes d'opposition ne sont possibles que dans leur niche parlementaire – c'est-à-dire un seul jour par an et par groupe –, la Commission des affaires européennes fonctionne autrement. Dès lors qu'elle se réfère à un texte européen en discussion, chaque groupe peut déposer une Proposition de résolution européenne (PPRE) et celle-ci est d'emblée mise à l'ordre du jour de la commission pour débat et vote, indépendamment des niches ! Si elle est adoptée, elle est ensuite soumise au débat et au vote dans l'hémicycle ! Nous déposons donc une PPRE pour que la France soutienne l'accord du trilogue du 13 décembre. Le 7 février, je la présente à la Commission des affaires européennes. C'est à nouveau le député Benjamin Haddad qui se trouve face à moi. Il dénonce une fois de plus notre pseudo-complotisme : il n'y aurait pas d'accord puisque la France ne l'a pas ratifié. Dès lors, ce texte ne peut être adopté car il faudrait attendre l'atterrissage des futures négociations. Le vote de cette PPRE n'a rien de contraignant. En clair, si la Commission des affaires européennes de l'assemblée l'adopte et même si l'hémicycle en plénière l'adopte, la France peut toujours refuser d'approuver la directive. Mais on espère au moins rendre public et médiatique le débat. On a tenté d'être au complet, d'assurer la présence de tous les députés des groupes de la NUPES membres de la commission. Au moment du vote, le résultat est ex aequo. Il nous a manqué une voix, une seule. Comme je m'y attendais, les médias français n'ont rien relayé de ces débats.

Le 8 février 2024, le trilogue parvient à un deuxième accord, à nouveau en recul. La France est le seul pays à se positionner contre à la nouvelle réunion du COREPER, tandis que vingt-trois États membres sur vingt-sept l'ont approuvé. L'Allemagne était favorable à la directive mais, du fait des équilibres au sein de sa coalition, avait déclaré s'abstenir ; l'Estonie et la Grèce y étaient opposées sur le fond mais s'étaient abstenues. Ce « contre » de la France de Macron a beau ne pas surprendre, c'est néanmoins une dure défaite. En adoptant cette position, la France se couvre de honte en Europe, comme l'illustrent plusieurs interventions lors du débat au Parlement. Dennis Radtke, un eurodéputé PPE, déclare : « Le président français pave la voie à Mme Le Pen, son populisme et sa politique dangereuse. (...) Il se fait une fois de plus le complice consentant d'Uber. » « C'est une honte ! Une Europe soumise aux intérêts exclusifs des multinationales qui exploitent le travail sans un minimum de réglementation n'est pas l'Europe libérale que nous pensions que vous aviez dans la tête », déclare Elisabetta Gualmini, eurodéputée S&D. Kim van Sparrentak, eurodéputée écologiste, ne dit pas autre chose : « C'est une honte ! Il semblerait que M. Macron estime que les profits des plateformes sont plus importants que les travailleurs précaires. »

Le 22 février 2024, à la fin des travaux du 4e Forum transnational des alternatives à l'ubérisation, tous les participants partent en manifestation sauvage dans les locaux mêmes du Parlement. Avec les députées européennes Leïla Chaibi et Manon Aubry ainsi que la députée européenne espagnole Idoia Villanueva, de Podemos, nous brandissons un grand panneau. Il s'agit de la reproduction d'une carte type de lobbyiste pro Uber au nom du président Emmanuel Macron. Avec des travailleurs ubérisés des quatre coins d'Europe et au-delà, nous scandons notre slogan : "*Don't let Uber make the law!*" La sécurité est en panique. Pourtant, nous ne sommes qu'une centaine et nous nous dirigeons vers la sortie. L'ambiance est bon enfant mais totalement décalée. Ça ne se fait pas ! On ne manifeste pas dans l'enceinte du Parlement ! Nous voulons aller jusqu'à la Représentation permanente de la France, pour remettre symboliquement à ses membres cette carte de lobbyiste et qu'elle soit transmise au président. Leïla Chaibi a obtenu que notre délégation de députées soit reçue. À mi-parcours, nous nous retrouvons arrêtées par la police. Notre manifestation n'est autorisée dans Bruxelles que sur un court trajet. La police bruxelloise n'a rien à voir avec la police française. De façon très polie, en s'excusant presque, les agents nous informent que nous ne pouvons poursuivre notre marche. À ce moment-là, surprise totalement inattendue. Lorsque nous leur expliquons notre rendez-vous avec la Représentation permanente, les agents nous proposent carrément de nous y conduire en voiture ! Nous voilà, quatre députées, avec nos écharpes et la photo d'Emmanuel Macron sur notre carte géante de lobbyiste, dans une voiture de police belge – avec sirène et gyrophare, s'il vous plaît ! J'apprendrai par la suite que les autres manifestants français stoppés dans la rue étaient en panique, persuadés que nous allions subir une garde à vue ! Mais non. Nous avons pu rejoindre la Représentation permanente – et à l'heure ! Nous avons pu remettre à ses membres la carte géante, non sans un certain remords. C'est sûr qu'ils l'ont jetée. Les échanges sont courtois mais c'est un dialogue de sourds. Ils semblent surpris. C'est très inhabituel que des députés engagent auprès d'eux une telle démarche. Ils ne sont pas les décideurs. Nous ressortons au bout d'une demi-heure. Sans rien, ou presque, comme on s'en doutait. La Représentation permanente nous a confirmé qu'il restait une dernière réunion du Conseil EPSCO.

Vous êtes sans doute perdu, au milieu de toutes ces instances européennes. Rassurez-vous : moi aussi. L'opacité et la complexité de tous ces mécanismes de décisions de nos instances européennes ont bien été pensées pour que les citoyens soient totalement mis à l'écart ; un fonctionnement fort peu démocratique. Le Conseil EPSCO, composé des ministres chargés de l'Emploi, des Affaires sociales, de la Santé et de la Protection des consommateurs de tous les États membres de l'UE se tient le 11 mars, ultime date avant la fin de la session parlementaire européenne. S'il reste une date, il reste un espoir. À la sortie des locaux de la Représentation permanente, on croise un livreur à vélo qui leur livre des sushis...

Que faire d'ici le 11 mars ? Je redépose au nom de mon groupe une PPRE, mais le président de la Commission des affaires européennes refuse de l'inscrire à l'ordre du jour de la Commission avant le 11 mars. Alors, on tente une dernière action. J'écris à la ministre du Travail pour lui demander un rendez-vous avec une délégation de travailleurs ubérisés. On a réimprimé la carte géante de lobbyiste d'Uber avec la photo de Macron. Le 5 mars, avant de partir pour le ministère du Travail, les députés La France insoumise rejoignent notre délégation pour une photo. En toute honnêteté, on n'y croit plus trop. La ministre Catherine Vautrin refuse de nous recevoir. Elle ne répond même pas à mon courrier. Que du mépris.

Le 11 mars, c'est l'attente. En fin d'après-midi, Leïla Chaibi m'apprend la nouvelle : Macron est K-O ! Une majorité qualifiée de pays approuvent le compromis sur la directive ! Il fallait atteindre au moins 55 % des États membres en faveur de la directive et que lesdits États qui soutiennent la proposition représentent au moins 65 % de la population de l'UE. C'est enfin chose faite ! C'est l'Estonie qui, en changeant sa position, a fait la bascule ! La France n'a pas pu s'y opposer, se trouvant alors totalement isolée ! Dès le lendemain, je savoure la victoire lors de la séance des questions d'actualité au gouvernement.

« La surexploitation de faux indépendants par Uber and co, c'est fini ! Le lobbyiste d'Uber Emmanuel Macron a perdu ! Madame la ministre du Travail, quand allez-vous transcrire dans le droit français cette victoire politique et sociale européenne ? »

Déconnectons Uber et Macron !

Derrière les révélations des *Uber Files* et, dans leur continuité, la poursuite dès 2017, par tout le gouvernement, d'une politique au service du lobby des plateformes Uber et consorts, c'est non seulement la nature oligarchique du pouvoir macroniste mais aussi la culture d'impunité de l'exécutif sous la Ve République qui sont en cause. C'est un scandale, à la fois du point de vue démocratique, mais également du point de vue du projet de société qu'il sous-tend. Les deux sont étroitement liés. Une tout autre politique est possible, si tant est qu'on lie bien justement la question démocratique à la question sociale, avec un objectif clair : déconnecter Uber et Macron !

Le projet de « start-up nation » de Macron par son soutien, notamment, au développement tous azimuts de l'ubérisation, marque une offensive néolibérale sans précédent contre les droits des travailleurs et contre l'ensemble des réglementations sectorielles. Dans son livre de campagne intitulé *Révolution*, il avait promis de passer à une société post-salariale et de remettre en cause notre modèle de protection sociale. Nous sommes face à un projet politique. Il ne s'agit aucunement d'une fatalité liée aux innovations technologiques ou aux modes de consommation des biens et des services. L'ubérisation nous encourage à l'immédiateté du service rendu, des courses livrées, comme si cette économie de la flemme constituait un progrès. C'est une course au low cost sans fin. Elle nous entraîne dans un suicide social collectif, en réduisant les citoyens à de simples consommateurs, complices de la casse du Code du travail, de notre système de protection sociale, de nos biens communs, en appauvrissant l'État par l'optimisation et l'évasion fiscale. S'il n'y a aucune fatalité, il y a donc une alternative.

Le rôle de la commission d'enquête est de présenter à la fin de ses travaux ses préconisations. Évidemment, ces préconisations ne sont absolument pas partagées par le président de la Commission qui ne veut surtout pas remettre en cause le projet néolibéral du capitalisme de plateforme, ni s'attaquer à la collusion antidémocratique servant les intérêts des lobbys.

La première mesure de l'alternative est assez évidente : faire respecter la loi, tout simplement, et donner les moyens aux administrations de contrôle de s'y employer. Toutes les lois votées, notamment dans le secteur du transport de particuliers, doivent être appliquées, à commencer par les lois Thévenoud et Grandguillaume. L'interdiction pour les VTC de la maraude électronique et l'obligation de retour au garage entre deux réservations doivent être respectées ; les plateformes de VTC doivent également transmettre leurs données à l'administration ; les commissions locales des transports publics particuliers de personnes (T3P) doivent enfin être créées. Pour y veiller, la police des « boers », chargée de l'application des règles du T3P, doit bénéficier d'effectifs en nombre suffisant et, par conséquent, ils doivent être augmentés.

Cette question des effectifs humains est centrale dans toutes les administrations de contrôle, qu'il s'agisse des inspecteurs du Travail, de l'Urssaf, de l'OCLTI, de la DGCCRF, de la DGFIP, des moyens de la CNIL… En plus de ces moyens humains, les ministères doivent s'atteler à des consignes claires de contrôle ciblant ces plateformes, en particulier en matière de lutte contre le travail illégal, ce qui a volontairement fait défaut depuis le début de l'ubérisation. Le recours à des travailleurs sous statut d'autoentrepreneur par externalisation s'est fortement développé et n'est pas admissible. L'État ne saurait laisser faire plus longtemps encore ce retour au tâcheronnage du XIXe siècle, au mépris d'un droit conquis de plus d'un siècle de luttes du mouvement ouvrier.

La France va devoir, dans les deux années qui suivent, d'ici à 2026, transposer la directive européenne sur la présomption de salariat. Nul doute que le gouvernement macroniste la voudra au rabais. Mais avec le lobby populaire des travailleurs ubérisés, nous sommes prêts, au contraire, à défendre cette présomption de salariat pour qu'elle soit pleinement effective. Il est insupportable de voir tant de plateformes condamnées qui poursuivent leur violation de la loi et tant de décisions de requalifications qui ne s'appliquent qu'aux travailleurs engagés dans ces démarches en justice quand elles devraient être étendues à tous les travailleurs de la plateforme. Le point le plus important, qui est le cœur même du modèle social ou plutôt du business model antisocial de l'ubérisation, c'est bien son recours à de faux indépendants. Instaurer la présomption de salariat est la mesure la plus conséquente. Puisque les plateformes exercent un réel lien de subordination, elles doivent assumer toutes leurs obligations d'employeur dès la première heure de travail et sans que les travailleurs aient à faire toutes ces démarches en justice. Avec la présomption réfragable de salariat, les travailleurs seraient tous décrétés comme salariés, sauf si la plateforme apporte la preuve qu'ils sont de réels indépendants. Les plateformes auraient bien la possibilité de contester cette présomption de salariat. Mais elle instaurerait un renversement de la charge de la preuve en faveur des travailleurs. Cela changerait tout! Pourquoi ne pas accorder à l'inspection du Travail le pouvoir de requalifier en salariés tous les faux indépendants exploités par les plateformes et autres donneurs d'ordres à l'issue d'une enquête et d'une décision motivée? Ma proposition de loi à cet effet est prête.

L'activité de nombreuses plateformes repose également sur la stratégie de l'évitement de l'impôt par l'optimisation fiscale. Non seulement les politiques de suppressions de postes aux finances publiques doivent cesser, mais un plan de recrutement permettrait de ramener beaucoup d'argent dans les caisses de l'État. Les négociations, dans le cadre de l'Union européenne et de l'OCDE, sur l'optimisation fiscale doivent également reprendre. La France ne saurait continuer à fermer les yeux sur toutes ces pratiques de délinquance financière contribuant à l'appauvrissement de l'État. Il est grand temps d'établir une liste véritablement exhaustive des paradis fiscaux, choisis selon des critères d'équité fiscale (taux d'imposition effectif minimum et critère de substance économique) et de lutte contre le blanchiment (transparence sur les bénéficiaires effectifs des entreprises). Il faudrait instaurer un véritable dispositif de reporting public, une collecte d'informations sur les filiales des grandes sociétés localisées à l'étranger, pays par pays, de manière à contraindre les multinationales à publier les informations clés sur les impôts qu'elles paient et leurs activités pour chaque pays dans lequel elles opèrent et qu'on les contraigne à payer les impôts qu'elles doivent à la France.

Les plateformes bénéficient généralement de moyens financiers colossaux, du fait de levées de fonds considérables. Par conséquent, les sanctions financières doivent être rehaussées de manière très significative pour les plateformes en cas de manquement délibéré à la légalité, afin de lutter réellement contre les stratégies d'analyse coût-bénéfice qui tendent à rendre le crime payant. Dans le rapport, la proposition a été faite de rehausser les sanctions financières à 20 millions d'euros, ou 4 % du chiffre d'affaires, en prenant bien sûr le chiffre le plus élevé. C'est une proposition du Parlement européen qui, même modeste, permettrait déjà un vrai changement d'étape.

Nombre de plateformes perdent des procès mais continuent d'exister et de bafouer la loi impunément. Lors de l'enquête parlementaire, à la fin de l'audition de la Première ministre, j'avais pu poursuivre l'échange avec elle, hélas hors caméra. J'ai découvert qu'elle n'avait aucune idée de comment faire arrêter les activités d'une plateforme. Il est temps d'inscrire dans la loi la possibilité pour l'autorité administrative de prononcer au moins la fermeture temporaire de l'établissement plateforme ayant commis du travail dissimulé et définitive en cas de récidive.

Aucun moyen public, comme les prêts à l'amorçage et les subventions de BPI-France, ne saurait être accordé à une plateforme n'ayant pas fait l'objet de contrôle afin de vérifier sa légalité. Et après tout octroi d'aides et de prêts, ces contrôles doivent être systématiques et provoquer le remboursement – avec de lourdes pénalités en cas de manquements. Les moyens de BPI-France devraient surtout être totalement réorientés vers les coopératives respectant le droit. Dans plusieurs collectivités, des démarches de sociétés coopératives d'intérêts collectifs se créent, notamment de chauffeurs et de livreurs. Elles protègent les travailleurs par l'accès à la protection sociale, du fait du statut de salarié direct ou de l'accès à la protection sociale par le portage salarial pour celles et ceux qui veulent rester indépendant.e.s quand l'activité et les conditions de son exercice y correspondent. Et, surtout, la coopérative leur donne la possibilité d'accéder à une maîtrise collective de leur outil de mise en relation. La puissance publique se doit, au niveau de l'État comme des collectivités locales, de soutenir toutes ces coopératives qui constituent l'alternative au capitalisme de plateforme la plus ambitieuse. Les travailleurs s'émancipent ainsi de l'accaparement de toute la plus-value de l'ubérisation et de l'exploitation des données par les plateformes privées, en devenant copropriétaires de l'entièreté de leur outil de travail !

Le recours à l'externalisation du travail via des entreprises de sous-traitance existait bien avant l'ubérisation. Mais, de fait, l'ubérisation, qui constitue en soi une externalisation vers un travailleur autoentrepreneur faussement indépendant sous couvert d'un contrat commercial, a aggravé la concurrence déloyale. Le secteur de la sous-traitance dans la livraison la subit, les donneurs d'ordres en profitent. L'audition d'un chef d'entreprise d'une société de sous-traitance et d'un ancien cadre de l'entreprise FedEx nous a permis de prendre conscience des logiques visant à casser les prix et jusqu'où elles pouvaient conduire. Chaque année, FedEx baisse les tarifs jusqu'à contraindre les entreprises sous-traitantes à travailler à perte. Résultat : ces entreprises sont poussées à leur tour à commettre des infractions – comme le travail non déclaré – et finissent en faillite. Pour y pallier, il faut introduire par voie réglementaire un contrat type de sous-traitance, afin d'y inscrire obligatoirement l'ensemble des charges directes et indirectes devant être couvertes par le contrat ainsi que la garantie annuelle de chiffre d'affaires qui permettrait au sous-traitant d'investir. Ce contrat type de sous-traitance devrait permettre d'imposer des règles aux donneurs d'ordres.

Le dumping social sans précédent qu'impose l'ubérisation fonctionne d'autant mieux que de nombreuses travailleuses et de nombreux travailleurs subissent des discriminations. La sociologue Sophie Bernard, auteure de *UberUsés. Le capitalisme racial de plateforme*[1], a bien observé et analysé à quel point les chauffeurs VTC sont, à l'écrasante majorité, des travailleurs racisés, victimes de discriminations, qui ont cru accéder à une ascension sociale en devenant VTC. Dans le secteur de la livraison, une majorité des livreurs sont en situation administrative irrégulière. Il n'y a plus que celles et ceux qui n'ont pas

1. PUF, 2023.

d'autre choix possible pour travailler, qui peuvent encore supporter les faibles rémunérations et l'extrême précarité. Cette surexploitation de travailleurs sans droits s'est développée au vu et au su de tout le monde pendant le Covid et la plupart ont depuis été déconnectés du jour au lendemain, comme des travailleurs jetables.

Quel cynisme, quelle inhumanité. La circulaire Valls du 28 novembre 2012 doit, *a minima*, être révisée pour permettre immédiatement la régularisation par le travail du séjour des travailleurs des plateformes. Le débat sur la loi migration de Darmanin, qui vise à régulariser les travailleurs des seuls secteurs en tension et pour un titre de séjour d'une seule année, ne règle aucunement le problème. Pis, il légitime le refus du patronat de ces secteurs de ne pas rehausser les salaires. Il maintient une main-d'œuvre dans une totale dépendance du fait de la fragilité de son statut, exploitable à merci et servant de chantage à la soumission des mauvaises conditions de travail et de rémunération pour les autres salariés. La discrimination au travail du fait de la couleur de peau, de l'origine réelle ou supposée, voire de l'adresse de résidence, joue exactement la même fonction dans l'organisation de la mise en concurrence des travailleurs entre eux. S'il n'y a pas de mesure « magique » pour éradiquer les discriminations au travail, elles ne sont néanmoins pas une fatalité ! Encore faut-il les considérer pour la gravité de ce qu'elles révèlent : une négation même de notre fondement républicain, l'égalité. À tous les niveaux, le renforcement de la démocratie sociale, du pouvoir des travailleurs, la démultiplication des formations doivent accompagner un renforcement des obligations à la charge des administrations publiques et des entreprises privées. Il faudrait créer un pôle de prévention des discriminations au sein des comités sociaux et économiques (CSE) et restaurer les comités d'hygiène, de sécurité et des conditions de travail (CHSCT), chargés de la formation, de la sensibilisation des salariés, de l'évaluation des pratiques, des salaires et des carrières pour lutter contre toutes les discriminations.

Pour faire respecter l'État de droit aux plateformes, pourquoi ne pas instaurer un contrôle *a priori* de leurs activités ? Cela permettrait de faire respecter tous les secteurs réglementés. Je me souviens de ces guides conférenciers que j'avais soutenus il y a quelques années. Ils manifestaient car des plateformes touristiques avaient recours à des guides, qui n'avaient pas la carte professionnelle et donc pas la formation correspondante. En statut d'auto-entrepreneur, ils étaient bien moins rémunérés. On pourrait se rappeler la lettre des ministres Borne et Véran aux Ehpad contre la plateforme Mediflash. Elle se référait en partie aux réglementations sectorielles de la santé pour expliquer l'illégalité de faire travailler des aides-soignant.e.s sans qu'ils et elles soient sous la responsabilité hiérarchique d'infirmières ou d'infirmiers. Si ces plateformes salariaient leurs travailleurs, la question de l'illégalité vis-à-vis de ces réglementations sectorielles demeurerait. La présomption de salariat ne suffit pas. Une mission interministérielle ou une Autorité administrative indépendante pourrait être créée afin de délivrer sous condition un agrément à toute plateforme afin de vérifier qu'elle respecte bien l'ensemble des réglementations du travail, fiscales, des secteurs réglementés, de la concurrence, du RGPD, etc. Le principe de la mise en œuvre d'un régime d'autorisation préalable des plateformes avait d'ailleurs été préconisé par le rapport de l'IGAS (Inspection générale des affaires sociales) et du CGEDD (Conseil général de l'environnement et du développement durable). Mais cette proposition a été, hélas, balayée tout de suite par le gouvernement. L'Autorité des jeux en ligne par exemple, délivre des agréments aux opérateurs de ces jeux après instruction des dossiers des candidats. Il devrait en être de même pour toute entreprise du capitalisme de plateforme.

Un tel programme, si opposé aux intérêts des plateformes, n'a bien évidemment aucune chance d'être repris par Emmanuel Macron et sa minorité présidentielle. L'enquête parlementaire *Uber Files*, grâce aux révélations de Mark MacGann, décrit bien cette proximité entre grands patrons du CAC 40, investisseurs et milieu politique, ministres et collaborateurs de ministres et sans doute également hauts fonctionnaires des administrations. Cette phrase du lanceur d'alerte Mark MacGann résume cet entre-soi oligarchique : « Nous [avons] pu obtenir, par le biais de Google, de l'énarchie et des potes, un accès direct à l'hôtel des ministres à Bercy et [avons] pu maintenir cet accès alors que nous étions sans le moindre doute dans la plus totale illégalité au regard de la loi sur les transports, de la fiscalité, de l'Urssaf et de la DGCCRF. » Qu'ils soient dirigeants politiques ou d'entreprises, ils sont généralement issus des mêmes grandes écoles, pour beaucoup de l'ENA. Ils se connaissent et participent d'un réseau témoignant d'une forte solidarité de classe.

Emmanuel Macron n'était pas non plus un ministre de l'Économie issu de nulle part. Il a été, par le passé, le jeune énarque à qui Jacques Attali avait confié la rédaction du rapport sur la « libération de la croissance ». Il rejoint ensuite la banque d'affaires Rothschild. Incarnant une ligne sociale-libérale, il soutient la campagne de François Hollande à la présidentielle de 2012 qui le nomme, une fois élu, secrétaire général adjoint de son cabinet à l'Élysée. Par son parcours, Emmanuel Macron est l'incarnation même du pantouflage public-privé – et vice versa. Lorsqu'il quitte le cabinet de François Hollande à l'Élysée, il n'est pas directement nommé ministre de l'Économie. Conseillé par Alain Minc, il part d'abord en Californie pour monter son entreprise et rechercher des fonds. Si François Hollande le nomme peu de temps après ministre, c'est bien parce qu'il correspond à l'évolution sociale-libérale – voire libérale tout court – de l'ancien premier secrétaire du parti socialiste. Si Macron est minoritaire sur sa position de soutien à Uber au sein du gouvernement Valls, l'orientation libérale, incarnée notamment par la loi Travail, est néanmoins totalement assumée.

La logique oligarchique, au sens de promiscuité entre grands décideurs économiques, dirigeants politiques et relais dans les médias existait déjà bien avant Hollande. Pierre Carles avait fait connaître au grand public, par son film *Fin de concession*, l'existence du dîner du siècle et la participation d'alors de Nicolas Sarkozy avec d'autres dirigeants politiques. Le dîner du siècle se tient à l'hôtel Crillon, situé symboliquement face à l'Assemblée nationale, comme une façon de bien désigner, pour ses participants, où est le lieu du vrai pouvoir : à l'hôtel privé et étoilé place de la Concorde et non au Parlement des représentants du peuple, en face, de l'autre côté de la Seine. Tous les derniers mercredis du mois, depuis la création de l'association en 1944, s'y retrouvent patrons du CAC 40, dirigeants politiques et journalistes. La soirée du Fouquet's du 6 mai 2007 révélait, dans le même registre, les grands milliardaires et dirigeants qui avaient soutenu la campagne de Nicolas Sarkozy, de Bolloré à Bernard Arnault, en passant par François Pinault et tant d'autres, ainsi que des personnalités liées aux médias.

Le fait que la classe dirigeante constitue de fait un groupe social bien conscient de lui-même, alimentant sa toile de réseaux pour bien défendre ses intérêts n'est pas nouveau. Ce que nous apprennent les *Uber Files*, c'est que, dans l'existence des clans ou des cliques au sein de cette oligarchie, un sous-groupe est constitué et organise ses propres dîners dans le secteur de l'économie numérique. Si Google semble être le grand maître du réseau, le patron de Free, Xavier Niel, joue le rôle essentiel de l'entremetteur. C'est lui qui initie les dîners permettant à Emmanuel Macron de rencontrer Travis Kalanick. L'avant-garde « innovante » du capitalisme financier, c'est celle qui mise sur la révolution numérique et l'ubérisation. À chacun de ses passages à Paris, Travis Kalanick y était reçu. L'occasion d'alimenter les liens avec des investisseurs potentiels et avec les décideurs politiques, comme Emmanuel Macron ou des membres de son cabinet, afin que la législation s'adapte aux exigences de ces entrepreneurs prédateurs. Les lobbyistes d'Uber, dirigeants du CAC 40 et autres grands investisseurs, ont remercié Emmanuel Macron pour son soutien. Ils ont surtout vu en lui l'allié pour poursuivre la défense de leurs intérêts.

Le lanceur d'alerte Mark MacGann a reconnu avoir participé au soutien financier de la campagne d'Emmanuel Macron pour l'élection présidentielle de 2017. Non seulement il a donné de l'argent mais il a également contribué à l'organisation de levées de fonds.

« J'étais vraiment impressionné par le jeune candidat Emmanuel Macron en 2016. Nous étions nombreux à être séduits par ses promesses, sa fraîcheur, son dynamisme mais aussi par son projet. Je pouvais contribuer à sa campagne à hauteur de 7 500 euros par année fiscale, ce que j'ai fait en 2016 et 2017 à partir de mes deniers personnels. Je ne percevais plus aucun revenu d'Uber – je n'avais même plus aucun revenu. Emmanuel Macron m'a dit de me mettre en rapport avec Christian Dargnat qui présidait l'association de financement d'En marche !. Comme il ne s'était pas présenté devant les électeurs auparavant, le candidat Macron n'avait pas droit à des financements publics. J'ai donc travaillé avec Christian mais je n'ai pas participé à la création de La République en marche. J'ai donné un coup de main, surtout en ce qui concerne les Français de l'étranger qui avaient réussi et qui étaient installés à Londres ou à San Francisco, afin de les pousser à contribuer dans les limites fixées par la loi – 7 500 euros par personne et 15 000 par foyer fiscal. J'ai organisé quelques dîners. J'ai assisté à un dîner organisé chez lui par Stéphane Boujnah, président d'Euronext, pour collecter des fonds auprès des grands patrons français. »

Pour le ministre Emmanuel Macron, le soutien à Uber lui a permis d'incarner le dirigeant politique innovant qui a compris la révolution numérique et va créer nombre d'emplois dans les quartiers populaires. Et pour celui qui deviendra le candidat à la présidentielle, il était fondamental dans sa stratégie de gagner la confiance du milieu des GAFAM et de grands patrons français (LVMH, Free) en vue de sa tentative d'accession aux plus hautes fonctions de la Ve République. Il ne va pas seulement obtenir des fonds pour sa campagne, mais également un réseau de très hautes influences, dans de nombreux médias et instituts de sondages, propriétés de certains de ces grands groupes du CAC 40. De fait, il fut *le* candidat choisi et soutenu par l'oligarchie, accumulant le record de unes des magazines, tenus par ces mêmes milliardaires qui avaient bien intérêt à son élection. Le récit de sa campagne s'est en partie construit autour du projet de « start-up nation » et incarne comme un effet de miroir la carrière fulgurante du jeune président-directeur général d'Uber, Travis Kalanick. L'Américain s'est distingué par sa « disruption » et s'est imposé en dehors de tous les codes antérieurs en défiant l'État de droit. Emmanuel Macron ne reconnaît-il pas lui-même être arrivé à l'Élysée « par effraction », en dehors des partis traditionnels structurant la classe politique depuis des années ?

Cet entre-soi « classe dominante » participe à ce sentiment d'impunité, de n'avoir aucun compte à rendre, que l'on retrouve non seulement dans le cadre des *Uber Files* mais également au cœur même de l'exécutif, depuis l'élection d'Emmanuel Macron. Mais il est également le fruit pourri des logiques mêmes de la Ve République. La Constitution du 4 octobre 1958 a bien inscrit dans son texte l'irresponsabilité de l'exécutif.

En tant que ministre, Emmanuel Macron s'est bien senti autorisé à être en lien direct avec une multinationale américaine et ce en toute opacité vis-à-vis de son propre gouvernement. Par SMS, il s'est ainsi senti autorisé à laisser entrevoir aux dirigeants d'Uber qu'il pourrait interférer directement auprès de l'administration de la DGCCRF et auprès d'un préfet. Il s'est senti autorisé à échafauder toute une stratégie d'influence du débat parlementaire et des arbitrages gouvernementaux au travers du fameux deal ! Cette défense des intérêts des lobbys contre l'intérêt du peuple est d'autant plus inacceptable que le peuple et ses représentants sont mis à l'écart de toutes les délibérations collectives et prises de décisions.

En tant que président de la République, Emmanuel Macron s'est à nouveau senti autorisé à avoir trente-quatre échanges avec la direction d'Uber entre 2018 et 2022. Quand l'affaire des *Uber Files* éclate, il s'adonne à cette phrase masculiniste et vulgaire empruntée à Jacques Chirac : « Ça m'en touche une sans bouger l'autre. » Il ne rend aucun compte car il n'estime n'avoir aucun compte à rendre ! La concentration des pouvoirs en un seul homme conférée par cette Constitution, Emmanuel Macron l'exploite au maximum, plus encore que l'ensemble de ses prédécesseurs. Au point qu'il donne le sentiment de cumuler toutes les fonctions, celle de tous les membres de son gouvernement et de ses Premiers ministres successifs dont le rôle semble réduit à l'activation du 49-3 pour pallier les absences de majorité.

Alors que le gouvernement a pleinement conscience du développement de l'ubérisation via différentes nouvelles plateformes – et dans un nombre croissant de domaines –, qu'il sait également toutes leurs illégalités, il les laisse imposer leur état de fait à l'État de droit. Le président, qui dirige de fait le gouvernement, organise ce manquement des administrations des ministères à faire respecter l'État de droit. Pis, tout a été fait et tenté pour « préserver les plateformes de tout risque de requalification des travailleurs en salariés » et donc adapter l'État de droit à cet état de fait. *In fine*, c'est donc l'État qui s'est mis au service des lobbys.

Si la Constitution consacre de fait l'hyper concentration des pouvoirs et l'impunité de l'exécutif, elle reconnaît néanmoins au Parlement le rôle de contrôler l'action de l'exécutif. Force est de constater que ces prérogatives ne cessent d'être mises à mal. Quoi d'étonnant de la part d'un exécutif qui n'hésite pas à user – et à abuser – du 49-3 et de tant d'autres articles, comme l'a montré la séquence des retraites, dès lors que leur minorité présidentielle échoue dans ses accords pour dégager une majorité au sein de l'Assemblée nationale !

Tout au long de l'enquête parlementaire, qui relève bien du pouvoir du contrôle de l'exécutif par le Parlement, ce sentiment d'impunité n'a cessé de transpirer. Le président de la commission d'enquête, en premier lieu, n'agissait-il pas en service commandé pour empêcher toute audition des membres du cabinet d'Emmanuel Macron quand il était ministre de l'Économie ? Ce dernier n'a-t-il pas voulu exiger la confidentialité de ses notes internes et même la transmission du rapport en avant-première ? N'a-t-il pas fallu menacer le directeur de cabinet du ministre du Travail, Olivier Dussopt, de l'application de la loi s'il s'obstinait à ne pas transmettre les notes demandées en ma qualité de rapporteure ? Sans omettre la Première ministre qui s'est refusée à tout débat suivi d'un vote sur la position défendue par la France sur le projet de directive sur la présomption de salariat au conseil de l'Union européenne !

L'épisode des *Uber Files* – et plus encore ce que révèle la commission d'enquête sur l'ensemble du bilan du gouvernement depuis 2017 pour préserver les intérêts des plateformes au mépris de l'État de droit – en dit long sur la crise démocratique étroitement liée à nos institutions qui, de fait, le permettent. Pour détrôner les lobbys qui dictent leur politique à l'État, il ne suffit pas d'en déloger le monarque qu'ils ont placé à sa tête. Comment répondre à cette crise démocratique et se prémunir à l'avenir ? Par plus de démocratie. C'est tout un écosystème plus démocratique qui est à construire pour empêcher les logiques oligarchiques d'imposer la défense de ses propres intérêts contre l'intérêt du plus grand nombre. Ce doit être l'œuvre du peuple lui-même, dans le cadre d'une constituante, que de définir à tous les niveaux sa possible intervention pour que sa souveraineté soit systématiquement préservée et prise en compte.

Passer à une VIe République afin de rompre avec l'actuelle monarchie présidentielle et engager la séparation des lobbys et de l'État, c'est une nécessité démocratique des plus urgente !

Cette nouvelle République doit se poser la question des médias. S'ils étaient obligatoirement indépendants des grands groupes économiques – alors qu'aujourd'hui neuf milliardaires en possèdent 90 % –, notre démocratie ne s'en porterait-elle pas beaucoup mieux ? Uber n'aurait pas pu y dérouler autant sa propagande pour peser sur le débat législatif. Cet enjeu faisait partie du programme du Conseil national de la Résistance mais n'a encore jamais été mis en œuvre. Qui peut ignorer le poids joué par les grands patrons de médias pour faire élire Emmanuel Macron ? Et le poids de l'empire Bolloré pour soutenir l'extrême droite dans son projet d'accession au pouvoir ? Par ailleurs, les campagnes des lobbyistes, même sur le net, connaîtraient un impact bien moindre pour manipuler l'opinion publique comme Uber a pu le faire si les médias jouaient leur rôle démocratique de contribuer en permanence au développement du libre arbitre. Aussi, les médias devraient avoir l'obligation d'indiquer par qui est rémunéré tout invité sur un plateau de télévision, ainsi que les commanditaires de toute étude ou de tout sondage dont ils font état. Une grande loi-cadre anticoncentration des médias et renforçant la démocratie dans les comités de rédaction n'a jamais été aussi impérative pour notre démocratie.

Des mesures urgentes devraient être prises pour renforcer l'encadrement des relations entre les décideurs publics et les lobbyistes, à commencer par réécrire la loi Sapin-2 et ses décrets d'application. Imaginez, un lobby ne doit déclarer à la Haute Autorité pour la transparence de la vie publique (HATVP) son entrée en communication avec un décideur public que s'il en est à l'initiative ! Aussi, le système de registre des représentants d'intérêts confine à l'absurde : ne doivent s'enregistrer que les personnes physiques au bout de dix communications, quand il est évident que doit être retenue la personne morale, avec une prise en compte au niveau du groupe – et non par filiale. Mais surtout, cette obligation de transparence doit également s'appliquer à la présidence de la République.

Si la HATVP se voyait confier la délivrance des agréments aux associations de lutte contre la corruption, comme Anticor, c'est toute la capacité de la société civile à agir contre ce fléau qui serait bien plus soutenue, indépendamment des intérêts du pouvoir exécutif. Un renforcement des droits et des protections des lanceurs d'alerte est également impératif. Le contrôle et des règles plus strictes sur le pantouflage sont nécessaires pour éviter les conflits d'intérêts et doivent s'appliquer à tous les organismes créés par l'État. Comment un Bruno Mettling, qui avait été rémunéré par Uber, a-t-il pu être nommé par le gouvernement à la tête de l'Autorité des relations sociales des plateformes d'emploi (ARPE) ? Une formation de tous les décideurs publics à la déontologie et à la prévention des conflits d'intérêts devrait être obligatoire, comme l'a suggéré devant la commission d'enquête Alice Navarro, directrice adjointe de l'Agence française anticorruption. Il existe un comité de déontologie à l'Assemblée nationale et au Sénat. Pourquoi pas au gouvernement, comme a pu le suggérer Patrick Lefas, président de Transparency International France lors de son audition ? Un déontologue indépendant devrait être nommé au niveau interministériel afin de contrôler le respect des règles de la déontologie par les membres du gouvernement, les membres de cabinet interministériel et les membres du cabinet du président de la République qui ne sauraient en être exclus. Si la HATVP avait par ailleurs des pouvoirs de sanction et bien plus de moyens humains pour ses opérations de contrôle et de transparence, comme l'a exprimé Didier Migaud, président de la HATVP, cela ne pourrait que contribuer, même modestement, à la séparation des lobbys et de l'État.

Nous ne pourrons jamais empêcher des lobbyistes, des représentants d'intérêts, de vouloir peser sur les politiques publiques et donc d'échanger. C'est la transparence de ces échanges qui doit être exigée, pour permettre de vraies délibérations collectives en connaissance de cause. En Suède, le gouvernement a quinze jours pour répondre à une demande de compte rendu d'une réunion entre un décideur public et un lobby. Le cas échéant, le citoyen peut faire appel au juge administratif pour en obtenir la transmission ! S'il peut sembler vain de vouloir le sourcing de chaque amendement pour mettre à nu les lobbys qui, comme Uber, envoient leurs amendements clés en main, plusieurs associations défendent l'idée de créer une plateforme permettant à des citoyens, à des collectifs, à des syndicats et à des lobbyistes de soumettre directement leurs propositions d'amendements ou d'articles en amont de l'examen d'un texte au Parlement en toute transparence. Le débat public – et donc la recherche de l'intérêt général – ne pourrait que s'enrichir de voir publier les logiques, défense d'intérêts et avis différents sur un même sujet. « L'essence même de la démocratie réside dans la délibération », disait Laurent Dublet, secrétaire général d'Anticor.

C'est l'exécutif qui, en premier lieu, devrait avoir l'obligation de rendre publique la liste des représentants d'intérêts consultés dans le cadre de la préparation de tout projet de loi. Les pouvoirs du rapporteur d'opposition chargé de contrôler l'application de la loi devraient par ailleurs être élargis afin qu'il puisse mener publiquement ses propres auditions et assurer le contradictoire dans les travaux préparatoires de tout projet de loi.

Mais, surtout, si le droit de révoquer les élus était instauré, les parlementaires macronistes – et demain de quelque majorité que ce soit – couvriraient-ils autant l'action du gouvernement au service des lobbys ? Si le peuple pouvait déclencher un référendum d'initiative populaire pour soutenir l'adoption d'une loi ou exiger son abrogation, les politiques seraient-elles aussi contraires aux intérêts des travailleuses et des travailleurs ? Assurément non. Quand, le 16 mars 2023, après quatorze jours de mobilisations et de grèves contre la réforme des retraites à 64 ans, alors que 93 % des actifs du pays y étaient opposés, le président de la République Emmanuel Macron a pu envoyer sa Première ministre dégainer le 49 alinéa 3, c'est que la Constitution l'autorise, à sa guise, à éteindre la lumière du Parlement et donc la démocratie, tel le droit de veto du roi. L'empêchement, par la suite, d'engager un référendum d'initiative partagé – et même l'empêchement de déposer pour les groupes d'opposition une proposition de loi abrogeant la réforme macroniste – démontre à quel point la Constitution de la Ve République verrouille tout. Avec un droit de révoquer ses élus et un droit effectif au référendum d'initiative populaire, c'est toute la démocratie qui serait réellement bien mieux respectée.

Empêcher le projet de société de la start-up nation exige de penser autrement l'exercice du pouvoir, non comme la direction d'un conseil d'administration ! Quand la députée européenne Leïla Chaibi arrache la victoire avec l'adoption de la directive présomption de salariat, c'est grâce à la mise en mouvement du lobby populaire des travailleurs ubérisés. Les députés et les commissaires européens qui, jusque-là, étaient bien plus en lien avec les lobbys, ont pu entendre la parole des travailleuses et des travailleurs, écouter leur récit, prendre connaissance de leurs colères et de leurs revendications. Ainsi éclairés – et bien au-delà des seuls rangs des députés de gauche –, une majorité de parlementaires s'est exprimée. Elle a choisi la présomption de salariat et non la défense des intérêts du capitalisme de plateforme. Même les députés macronistes européens ont fait ce choix-là.

La promesse de la République, c'est celle d'un gouvernement du peuple par le peuple et pour le peuple. La pratique de la Ve République par Macron, c'est le gouvernement des lobbys, par les lobbys et pour les lobbys. Nous devons, face à cela, pour déconnecter Macron et avec lui les Uber et autres patrons du CAC 40, sans cesse rechercher à articuler et à alimenter les grandes délibérations nationales avec les mouvements sociaux. Une constituante, dans cette articulation, permettrait qu'advienne une nouvelle Constitution bien plus parlementaire, avec des droits nouveaux, des contre-pouvoirs, une intervention permanente de l'exercice de la souveraineté du peuple pour que la délibération collective puisse garantir la recherche de l'intérêt général.

Conclusion

Les six mois d'enquête parlementaire au cœur de ce scandale d'État, les *Uber Files*, sont derrière moi. Ils n'ont pas seulement permis de confirmer et comprendre comment un ministre de la République a pu, à l'insu de son propre gouvernement, aider une entreprise américaine à l'époque hors la loi à se déployer en France jusqu'à passer un deal. Ces six mois m'ont également permis d'analyser comment, par la suite, tout un exécutif s'est employé non seulement à ne pas faire respecter l'État de droit, bafoué par l'organisation du travail pratiquée par ces plateformes, mais aussi à tenter de modifier l'état du droit, pour imposer un modèle et plus globalement un projet de société au mépris du droit.

Certes le rapport d'une commission d'enquête parlementaire n'a valeur ni de texte de loi ni de décision de justice. C'est la raison pour laquelle Uber et d'autres plateformes sont toujours en mesure d'exercer leur activité. J'espère toutefois que mes lecteurs auront pris conscience de la menace que constitue un tel modèle économique.

Ce projet de société, c'est celui du libéralisme sans entrave sous couvert d'innovations technologiques. C'est celui du mythe de la fin du salariat : les entreprises pourraient s'affranchir de plus d'un siècle de luttes et de conquêtes du mouvement ouvrier en exploitant des travailleurs au statut indépendant, sans avoir à honorer les obligations de tout employeur vis-à-vis du Code du travail et des obligations sociales. C'est celui de la fin des réglementations sectorielles – et même des obligations fiscales.

Le capitalisme de plateforme comptait sur le suicide social collectif. Il comptait s'appuyer idéologiquement sur le désir, artificiellement créé, des travailleurs et des consommateurs en même temps. La promesse était double : d'un côté, les travailleurs se voyaient promis à devenir leur propre patron, autonome, autoentrepreneur ; de l'autre, chacune et chacun pourrait s'offrir, grâce au low cost, nombre de services de domestiques en un clic sur son téléphone portable. Une prétendue promotion sociale pour toutes et tous sans aucune redistribution des richesses ni aucune émancipation, bien au contraire. À l'arrivée, nous récoltons une précarité et une surexploitation dignes du tâcheronnage du XIXe siècle, un système de protection sociale mis à terre et un État appauvri faute de recettes. Des travailleurs et des citoyens réduits à l'état de consommateurs complices de ce saccage social au profit d'une toute petite minorité.

Le système oligarchique, la concentration et l'irresponsabilité du pouvoir consacré par la Constitution de la Ve République ont facilité cette collaboration entre lobbys des GAFAM et de l'ubérisation et exécutif à la tête de l'État. Tant et si bien que, à la fin, lors de la bataille européenne pour la directive présomption de salariat, c'est le président qui soutenait les lobbys qui devint leur meilleur VRP obligé.

Est-ce si surprenant de la part de celui qui avait déclaré dans son livre *Révolution* en 2017 vouloir « la suppression des cotisations sociales », une « France start-up », au service d'une « société sans statut », « post-salariale » et qui avait déclaré dans une interview à *Challenges* en 2018 : « Je hais l'exercice consistant à expliquer une décision » ?

Tout au long de l'enquête parlementaire, puis lors de la bataille sur la directive présomption de salariat, le président macroniste Benjamin Haddad aura tenté de faire passer la défense des professions réglementées pour un soutien aux lobbys corporatistes, la défense du droit du travail pour un biais idéologique et la dénonciation du soutien aux lobbys des plateformes pour du complotisme. Celui qui fut responsable d'En marche ! à Washington avant de devenir député du 16ᵉ arrondissement de Paris est aujourd'hui porte-parole du groupe Renaissance à l'Assemblée nationale. On peut dire qu'il a bien porté la parole macroniste et la défense d'Emmanuel Macron tout du long ! Alors que j'écris les dernières lignes de ce livre, Off Investigations, un média indépendant, vient de sortir sur YouTube son dernier documentaire, *Macron l'Américain*. On y retrouve Benjamin Haddad, à l'époque impliqué dans le think tank Atlantic Council, chargé de promouvoir les intérêts des entreprises américaines, interrogeant le président de la République Emmanuel Macron, tout juste élu pour son premier mandat. La boucle de l'histoire est bouclée !

Le prologue de cette histoire du tandem Uber/Macron, c'était le rapport de la commission Attali, pour la « libération » de la croissance. Commandé par le président Nicolas

Sarkozy, Emmanuel Macron, alors jeune énarque, en était l'un des rapporteurs. C'est à partir de ce rapport qu'ont été créés par la suite le statut de chauffeur VTC engageant la concurrence déloyale contre les taxis et le statut d'auto-entrepreneur. Deux mesures décisives qui ont facilité l'implantation de la multinationale Uber en France et le développement du capitalisme de plateforme dans la foulée.

En épilogue de l'histoire, j'inviterais bien Jacques Attali de nouveau. Lors de son audition, il avait affirmé son soutien à la directive présomption de salariat et avait reconnu qu'il fallait distinguer un autoentrepreneur qui va ouvrir sa propre boutique avec un faux indépendant exploité par une plateforme, sous couvert de ce même statut d'auto-entrepreneur. Son discours m'a fait l'effet d'un pyromane regrettant de voir la plaine, qu'il a lui-même enflammée, se consumer…

L'histoire de l'ubérisation n'est pas finie – et encore moins celle du capitalisme[1]. Mais la lutte sociale et politique a gagné une bataille décisive : celle de la réaffir-

1. Uber n'est par ailleurs pas qu'une entreprise de transport, mais aussi une entreprise qui produit de la donnée. Outre la bataille des travailleurs d'Uber et de bien d'autres plateformes pour l'accès aux codes et au fonctionnement des algorithmes, celle pour la transparence sur toutes les données collectées est tout aussi centrale. L'enquête parlementaire ne nous a pas permis de savoir combien gagne Uber avec ses propres données ni dans quelles conditions elles sont exploitées, notamment en vue d'entraîner l'intelligence artificielle pour son projet de voiture sans chauffeur. Une autre grande enquête s'impose, plus large que celle portant sur l'ubérisation mais étroitement liée, celle de l'économie de l'intelligence artificielle et ses impacts sur le travail, son organisation, ses statuts, sa rémunération et surtout son sens.

mation de la présomption de salariat. Non comme une fin en soi mais comme une réalité, celle de la subordination, qui exige, au moins depuis 1910, année de la création du Code du travail, des contreparties obligées des employeurs. Les mobilisations de taxis, de chauffeurs VTC, de livreurs, le soutien d'organisations syndicales, l'implication de juristes, les travaux de sociologues, d'économistes, de journalistes, d'élus politiques et le courage d'un lanceur d'alerte, toutes ces résistances ont joué et jouent un rôle déterminant.

Sitôt une bataille remportée, une autre s'annonce. Celle de la transposition dans le droit français de la directive européenne sur la présomption de salariat. Se fera-t-elle *a minima* ou réussirons-nous définitivement à déconnecter le système Uber/Macron ? Rien ne s'écrit d'avance, tout reste à construire.

Emmanuel Macron ne pourra pas se présenter aux prochaines élections de 2027. Nul doute que le système lui trouvera un successeur, d'extrême centre ou d'extrême droite. Mais le peuple se laissera-t-il duper, une fois de plus ? Nombre de sondages annoncent le pire, la victoire de l'extrême droite. La gauche politique et sociale saura-t-elle recréer l'espoir de 2022 où, avec son programme de rupture de la Nouvelle Union populaire écologiste et sociale (NUPES), elle réussit à être en tête du premier tour des législatives ? À l'Assemblée nationale, au-delà des nuances, tous les groupes de la NUPES partagent une défense commune du salariat et une exigence démocratique contre tous les travers de la Ve République et des logiques oligarchiques du macronisme. La question sociale centrale du travail devra s'inviter dans la campagne : défendre et conquérir de nouveaux droits pour le salariat. Et, avec elle, la question démocratique, tout aussi centrale pour une VIe République. La souveraineté du peuple exige plus que jamais la séparation des lobbys et de l'État et la fin de la concentration des pouvoirs en un homme irresponsable.

C'est possible et nécessaire, pour déconnecter définitivement le tandem Uber-Macron.

Annexes

Personnalités citées

UBER :

Byrne Andrew, directeur des relations publiques d'Uber

De Kievic Zac, directeur juridique d'Uber pour l'Europe

Drouineau Maxime, chargé des affaires publiques chez Uber

Gore-Coty Pierre-Dimitri, directeur d'Uber pour l'Europe de l'Ouest

Kalanick Travis, P.-D.G. d'Uber Monde jusqu'en 2017

Khosrowshahi Dara, actuel P.-D.G. d'Uber Monde depuis 2017

Kopp Grégoire, ex-membre du cabinet du ministre des Transports A. Vidalies, puis responsable de la communication Uber France

MacGann Mark, responsable de la zone Europe/Afrique/Moyen-Orient d'Uber, lanceur d'alerte à l'origine des *Uber Files*

Meister Thomas, directeur de la communication d'Uber pour l'Europe de l'Ouest

Michael Emil, vice-président senior d'Uber

Molla Alexandre, chargé de l'expansion au sein d'Uber France

Plouffe David, ex-conseiller de Barack Obama, puis vice-président d'Uber

Quintard Kaigre Alexandre, lobbyiste d'Uber France

Simphal Thibaud, Directeur général d'Uber France puis directeur de Ubereats

Whetstone Rachel, directrice américaine des affaires publiques mondiales de Google, puis responsable de la communication d'Uber

Lobbyistes

Arto Clémence, cabinet Fipra

Creux Matthieu, fondateur du cabinet Istrat (devenu Avis Partners)

Donnat Francis, responsable du lobbying chez Google, entremetteur entre Uber et le ministère de l'Économie

Mettling Bruno, ancien DRH de France Télécom puis président d'Orange, président du cabinet de conseil Topics et ancien président de l'ARPE

Samman Thaima, avocate du cabinet SAMMAN, faisant partie du réseau Fipra

Économistes pro-Uber

Bouzou Nicolas, essayiste

Landier Augustin, économiste à la Toulouse School of Economics

Louvet Nicolas, fondateur du bureau de recherche 6t
Thesmar David, économiste au Massachusetts Institute of Technology (MIT)

Cabinet d'Emmanuel Macron, ministre de l'Économie
Bonamy Julie, membre du cabinet d'Emmanuel Macron
Chantrel Étienne, membre du cabinet d'Emmanuel Macron
Kohler Alexis, directeur de cabinet d'Emmanuel Macron
Lacresse Emmanuel, directeur de cabinet adjoint d'Emmanuel Macron au ministère des Finances

Cabinet de Bernard Cazeneuve, ministre de l'Intérieur
Coste David, conseiller en charge de l'administration territoriale du ministre de l'Intérieur B. Cazeneuve
Xavier-Rolai Jean-Julien, conseiller du ministre de l'Intérieur B. Cazeneuve

Personnalités d'autres plateformes ou de la nébuleuse oligarchique
Bon Damien, P.-D.G. de Stuart
Boujnah Stéphane, président d'Euronext
Chemla Benjamin, fondateur et ancien P.-D.G. de Stuart
Nicolas Musikas, General Manager France Getir-Gorillas-Frichti
Salur Nazim, fondateur de Getir
Sarfati El Grably Melvina, directrice générale de Deliveroo France, ancienne de chez McKinsey

Wahl Philippe, président-directeur général de La Poste

Yalaoui Samir, ancien dirigeant de société ayant travaillé pour Stuart

Autres personnalités politiques citées

Attali Jacques, président de la commission pour la libération de la croissance française commandée par Nicolas Sakorzy en 2008

Bélot Luc, député socialiste sous la XVe législature

Borne Élisabeth, ancienne ministre des Transports, puis du Travail, puis Première ministre

Caresche Christophe, député socialiste sous la XVe législature

Cazeneuve Bernard, ancien ministre de l'Intérieur sous François Hollande (2014-2016)

Dargnat Christian, président de l'association de financement d'En marche!

Darmanin Gérald, ministre de l'Intérieur depuis 2020

Delogu Sébastien, député LFI de Marseille, ancien chauffeur de taxi

Dussopt Olivier, ancien ministre du Travail, du Plein Emploi et de l'Insertion (2022-2024)

El Khomri Myriam, ancienne ministre du Travail, de l'Emploi, de la Formation professionnelle et du Dialogue social sous Hollande (2015-2017)

Gatel Maud, députée MoDem depuis 2022, conseillère de Paris

Granguillaume Laurent, ancien député socialiste, auteur de la loi Grandguillaume de 2016 relative à la régulation du secteur du transport public particulier de personnes

Haddad Benjamin, député Renaissance, président de la commission d'enquête *Uber Files*

Hollande François, ancien président de la République (2012-2017)

Riester Franck, ministre délégué du Commerce extérieur et de l'Attractivité sous E. Macron

Sabati Anaïs, députée RN depuis 2022

Thévenoud Thomas, ancien député socialiste, auteur de la loi Thevenoud de 2014 ayant encadré le secteur des VTC

Valls Manuel, ancien Premier ministre sous François Hollande (2014-2016)

Vautrin Catherine, ministre du Travail

Vidalies Alain, ancien secrétaire d'État chargé des Transports

Personnalités politiques européennes

Brunet Sylvie, députée européenne du groupe Renew

Chaibi Leïla, députée européenne du groupe The Left, membre de LFI

Gualmini E., députée européenne S&D

Radtke D., député européen PPE

Sparrentak K. von, députée européenne écologiste

Idoia Villanueva, députée européenne espagnole du groupe The Left, membre de Podemos

Institutions publiques et administrations

Anghar Yann-Gaël, directeur général de l'Urssaf

Fournel Jérôme, directeur général des finances publiques

Homobono Nathalie, ancienne directrice générale de la DGCCRF

Laurent Annaïck, directrice générale adjointe du Travail

Moulin Mathias, secrétaire général de la CNIL

Nuñez Laurent, ancien préfet des Bouches-du-Rhône, préfet de Paris

Ramain Pierre, directeur général du Travail

Sommer Jean-Michel, président de la chambre sociale de la Cour de cassation

Syndicalistes, collectifs, mouvements associatifs, avocats, chercheurs, journalistes…

Asnoun Karim, syndicaliste CGT-Taxis

Ben Ali Brahim, syndicaliste VTC

Bernasse Édouard, secrétaire général du Collectif des livreurs autonomes de Paris (CLAP)

Boudjema Rachid, syndicaliste, président de l'Union nationale des Taxis (UNT)

Dublet Laurent, secrétaire général d'Anticor

Dujarier Marie-Anne, sociologue

Frezza Emmanuelle, syndicaliste Gescop Taxis

Giusti Jérôme, avocat

Gomes Barbara, conseillère de Paris PCF et maîtresse de conférences en droit social, droit du numérique et des plateformes

Lefas Patrick, président de Transparency International

Lienart Circé, coordinatrice de la Maison des coursiers de Paris

Marissal Pierric, journaliste à *L'Humanité*

Mention Kévin, avocat

Navarro Alice, directrice adjointe de l'Agence française anticorruption

Pimot Jérôme, Collectif des livreurs autonomes de Paris (CLAP)

Rioux Ludovic, syndicaliste CGT-Livreurs

Chronologie

– 1910 : création du Code du travail

– 30 décembre 1982 : loi LOTI

– 1996 : arrêt Société générale posant la définition du lien de subordination

– 23 janvier 2008 : rapport final de la commission « libération de la croissance » ou « Commission Attali » commandée par N. Sarkozy

– 4 août 2008 : création du statut d'autoentrepreneur par la loi de modernisation de l'économie

– 2009 : création d'Uber à San Francisco par Travis Kalanick et Garett Camp

– 22 juillet 2009 : loi Novelli (loi « de développement et de modernisation des services touristiques ») qui créé les VTC (Véhicules de Tourisme avec Chauffeurs)

– 2011 : arrivée de la plateforme UBER en France

– 2013 : arrêt de la Cour de justice de l'Union européenne de 2013 considérant Uber non comme un intermédiaire mais comme une organisation de transport

– février 2014 : lancement d'UberPop

– 7 mai 2014 : note de la DGCCRF qui modère son pouvoir de contrôle au nom de la création d'emplois

– 3 juillet 2014 : Uber arrête UberPop

– 1er octobre 2014 : loi Thévenoud ; 1re rencontre entre Travis Kalanick et Emmanuel Macron à Bercy

– 13 novembre 2014 : SMS d'E. Macron à Mark MacGann l'informant avoir demandé à la DGCCRF d'être « moins conservatrice » dans son approche

– 11 décembre 2014 : « Pyramid of shit »

– entre novembre 2014 et juin 2015 : IStrat publie dix-neuf articles sur treize sites d'information différents à la demande d'Uber

– 2015 : perquisitions fiscales d'Uber par DGFIP censurées en raison d'une erreur dans la procédure

– 20 janvier 2015 : 2e rencontre à Bercy entre Travis Kalanick et Emmanuel Macron

– 2 mars 2015 : Maxime Drouineau envoie à l'économiste Augustin Landier un courrier pour lui demander un rapport qui démontre la fiabilité du modèle économique d'Uber

– 20 octobre et 3 novembre 2015 : les 2 arrêtés des Bouches-du-Rhône

– septembre 2015 : lettre d'observation de l'Urssaf à Uber requalifiant la relation entre Uber et les chauffeurs en salariat pour la période allant du 1er janvier 2012 au 30 juin 2013

– 23 juin 2015 : Uber est officiellement sommé par le ministre de l'Intérieur de mettre fin au service UberPop

– 3 juillet 2015 : Travis Kalanick envoie un SMS à E. Macron : « Pouvons-nous faire confiance à Caz ? », ce à quoi Macron répond : « Caz a accepté le deal. » Le même jour, Uber arrête son service UberPop

– 6 juillet 2015 : le *kill switch* est activé par Uber lors d'une intervention des autorités fiscales dans les locaux d'Uber France pour des raisons d'évasion fiscale

– 2016 : Christophe Caresche, député, porte un amendement clés en main d'Uber, dans la loi El Khomri

– janvier 2016 : mobilisation des taxis porte Maillot/11 janvier, les lobbyistes et dirigeants d'Uber France se félicitent du projet d'arrêté concernant la formation des VTC

– février 2016 : mise en demeure d'Uber par l'Urssaf, faisant suite à la lettre d'observation de septembre 2015, pour un montant de 5 millions d'euros

– 2 février 2016 : arrêté relatif à la formation « light » des VTC

– 16 février 2016 : Danielle Simonnet présente un vœu au Conseil de Paris de soutien aux taxis face à la concurrence déloyale d'Uber

– 31 mars 2016 : début de Nuit debout contre la loi El Khomri

– 29 décembre 2016 : loi Grandguillaume

– fin 2016 : le tribunal des affaires de sécurité sociale rend une décision défavorable à l'Urssaf sur la mise en demeure de 5 millions d'euros d'Uber

– 2017 : élection d'Emmanuel Macron, président de la République

– 5 septembre 2018 : loi portant création de l'EITI

– 28 novembre 2018 : arrêt de la Cour de cassation sur Take Eat Easy, cassant la décision de la cour d'appel qui avait rejeté la demande de requalification de la relation contractuelle en contrat de travail

– 2020 : Plan national de lutte contre le travail illégal (DGT) ; Urssaf Île-de-France saisie d'une nouvelle enquête pour travail dissimulé concernant Uber

– 4 mars 2020 : arrêt de la Cour de cassation retenant l'existence d'une relation salariée entre un chauffeur VTC et Uber

– mai 2020 : Brahim Ben Ali sollicite l'inspection du Travail pour un contrôle d'Uber sur la santé au travail dans le contexte de la crise sanitaire

– 15 septembre 2020 : note interne du ministère de l'Économie faisant référence à une étude « sur les gisements d'emplois liés aux plateformes numériques » réalisée en 2019 par un cabinet de conseil

– 12 novembre 2020 : arrêt de la chambre sociale pris à l'occasion d'un litige opposant la plateforme Brigad à une société de travail temporaire

– avril 2021 : la cour d'appel de Paris annule la mise en demeure de 5 millions d'euros d'Uber par l'Urssaf

– 30 décembre 2021 : courrier cosigné par É. Borne (ministre du Travail) et O. Véran (ministre de la Santé) appelant à la vigilance les établissements de santé vis-à-vis des plateformes (Mediflash) proposant la mise en relation avec des professionnels paramédicaux exerçant sous statut indépendant

– 24 avril 2022 : réélection d'Emmanuel Macron, président de la République

– 19 juin 2022 : 2e tour des élections législatives

– 10 juillet 2022 : le Consortium international des journalistes d'investigation publie les *Uber Files*

– 12 juillet 2022 : ma première QAG (question au gouvernement) pour demander la création d'une commission d'enquête parlementaire sur les révélations des *Uber Files*

– novembre 2022 : une note de l'Observatoire du travail dissimulé rattaché au Haut Conseil du financement de la protection sociale insiste sur « le caractère toujours très fraudogène de la microentreprise »

– 24 novembre 2022 : niche parlementaire du groupe La France insoumise-NUPES

– 30 novembre 2022 : le tribunal administratif estime que l'inspectrice s'étant déclarée incompétente sur la sollicitation de mai 2020 de Brahim Ben Ali était en tort et a enjoint à l'inspection du Travail de contrôler Uber

– 9 janvier 2023 : le conseil des prud'hommes condamne StaffMe pour travail dissimulé et requalifie en contrat de travail la relation qui avait lié, entre 2017 et 2019, un travailleur avec un glacier mais aussi avec la plateforme, reconnue coemployeuse

– 24 janvier 2023 : création de la commission d'enquête *Uber Files*

– 25 janvier 2023 : arrêt de la Cour de cassation cassant un arrêt de la cour d'appel de Lyon rejetant la demande de requalification de la relation contractuelle en contrat de travail

– 26 janvier 2023 : estimation du journaliste Pierric Marrissal (*L'Humanité*) sur le manque à gagner pour les caisses de la Sécurité sociale (1,45 milliard d'euros par an)

– 28 février 2023 : question d'actualité au gouvernement à O. Dussopt sur l'affaire du jugement de 2022

– 22 mai 2023 : Plan national de lutte contre le travail illégal (DGT) de 2023 à 2027, « la sous-traitance irrégulière et le recours aux faux statuts dans le cadre des plateformes numériques » apparaît explicitement comme un objectif prioritaire pour la première fois

– 25 mai 2023 : Benjamin Haddad fait voter la fin des auditions par le bureau de la commission d'enquête

– juin 2023 : O. Dussopt, interpellé par F. Ruffin en commission des affaires sociales, affirme qu'il fait le choix de la présomption d'indépendance plutôt que celle de la présomption de salariat

– octobre 2023 : un travailleur sous statut d'auto-entrepreneur demande aux prud'hommes la requalification de son contrat le liant à StaffMe, il a travaillé plus de soixante-dix heures par semaine à Monoprix pendant le confinement

– 13 décembre 2023 : premier accord de compromis en trilogue (qui réunit le Parlement européen, la Commission européenne et le Conseil de l'Union européenne, qui regroupe les ministres des États membres) sur la directive travailleurs des plateformes. Quelques jours plus tard, la France s'oppose à cet accord

– 7 février 2024 : présentation et rejet à une voix près en commission des affaires européennes de l'Assemblée nationale de la résolution demandant au gouvernement français de soutenir l'accord du 13 décembre

– 8 février 2024 : nouvel accord en trilogue. La France est le seul pays à se positionner contre cet accord tandis que vingt-trois États membres sur vingt-sept l'ont approuvé

– 21-22 février 2024 : 4e Forum transnational des alternatives à l'ubérisation organisé par Leïla Chaibi, conclu par une manifestation dans le Parlement européen et en direction de la représentation française de l'Union européenne

– 11 mars 2024 : accord final sur le projet de directive : une majorité qualifiée de pays approuve le texte de compromis, sans que la France puisse s'y opposer

– 12 mars 2024 : question au gouvernement à Mme Catherine Vautrin pour lui demander de transposer au plus vite la directive

Table des matières

Préface 7

Introduction 11
Au Guantánamo des taxis... 17
La commission d'enquête est lancée... 27
La guerre d'opinion d'Uber 37
Uber, l'entreprise hors la loi 53
Uber, la stratégie du chaos 65
Un lobbying au cœur de l'oligarchie 73
Le deal Uber-Macron a bien eu lieu 81
Livraisons illégales ? 121
Allô, la tour de contrôle ? 143
L'ubérisation : le cheval de Troie contre le salariat ? 163
De la confrontation à la collaboration 181
Présomption de salariat, une victoire européenne arrachée contre Macron 201
Déconnectons Uber et Macron ! 223

Conclusion 245
Annexes 251
Chronologie 261

Cet ouvrage a été imprimé en France par
CPI Firmin-Didot
16 rue Firmin Didot
27650 Mesnil-sur-l'Estrée (France)

pour le compte des Éditions Fayard
13 rue du Montparnasse, 75006 Paris
en septembre 2024

Photocomposition Belle Page

PAPIER CERTIFIÉ

fayard s'engage pour l'environnement en réduisant l'empreinte carbone de ses livres. Celle de cet exemplaire est de : 0,750 kg éq. CO_2
Rendez-vous sur www.fayard-durable.fr

Dépôt légal : septembre 2024
N° d'édition : 42.1147.6/01 - N° d'impression : 181099